现代农业经济与管理实践研究

解文芳 李 红 姚 玲◎著

山西出版传媒集团 山西人民出版社

图书在版编目（CIP）数据

现代农业经济与管理实践研究 / 解文芳，李红，姚
玲著. -- 太原：山西人民出版社，2023.12
ISBN 978-7-203-12793-2

Ⅰ. ①现… Ⅱ. ①解… ②李… ③姚… Ⅲ. ①农业经
济管理－研究－中国 Ⅳ. ①F322

中国国家版本馆CIP数据核字(2023)第059085号

现代农业经济与管理实践研究

著　　者：解文芳　　李　红　　姚　玲
责任编辑：贾　娟
复　　审：李　鑫
终　　审：梁晋华
装帧设计：博健文化

出　版　者：山西出版传媒集团·山西人民出版社
地　　址：太原市建设南路 21 号
邮　　编：030012
发行营销：0351－4922220　4955996　4956039　4922127（传真）
天猫官网：https://sxrmcbs.tmall.com　电话：0351－4922159
E－mail：sxskcb@163.com　发行部
　　　　　sxskcb@126.com　总编室
网　　址：www.sxskcb.com

经　销　者：山西出版传媒集团·山西人民出版社
承　印　厂：廊坊市源鹏印务有限公司

开　　本：787mm×1092mm　　1/16
印　　张：11
字　　数：230 千字
版　　次：2024 年 6 月　第 1 版
印　　次：2024 年 6 月　第 1 次印刷
书　　号：ISBN 978-7-203-12793-2
定　　价：88.00 元

▶ 前　　言

随着当前社会经济发展水平的不断提高，人民群众的物质生活也得到了极大改善。在我国，农业一向是社会经济发展的根基，农业的发展水平在一定程度上决定了我国的社会经济发展高度。当前，社会经济快速发展以及互联网技术的成熟应用推动了社会各行业发展的迅猛进步。21世纪是万事万物实时更新的时代，在一定程度上对传统的农业经济管理方式造成了一定冲击。为了适应当前不断发展的新时代，我国的农业经济管理方式也应当与时俱进，做好优化升级。农业经济作为推动农村建设与发展的重要因素，其管理非常重要，农业经济管理将会影响到农业经济整体发展及其经济效益水平的高低。

本书是一本关于现代农业经济与管理实践方面研究的著作，全书首先对农业与农业经济的概念与发展进行简要概述；然后对农业经济组织、农业经营方式与决策、农产品市场的发展完善、农业经济核算及效益评价的相关问题进行梳理和分析，对农业的现代化发展也有一定探讨，内容涵盖了我国的农业现代化建设、农业标准化、农产品质量安全、农业可持续发展及生态农业几个方面；最后，对"互联网+"时代下的农业经济发展与管理方面进行探讨。本书论述严谨、结构合理、条理清晰，能为当前的农业经济与管理实践相关理论的深入研究提供借鉴。

在本书的策划和编写过程中，参阅了国内外有关的大量文献和资料，从中得到启示；同时也得到了有关领导、同事、朋友及学生的大力支持与帮助。在此致以衷心的感谢。本书的选材和编写还有一些不尽如人意的地方，加上编者学识水平和时间所限，书中难免存在疏漏，敬请同行专家及读者指正，以便进一步完善提高。

▶ 目　　录

▶ 第一章　农业与农业经济

第一节　农业

一、农业的概念

"民以食为天"，农业作为国民经济的一个物质生产部门，是人类社会基本生活资料的来源，从古至今都是一个国家的立国之本、强国之基。在农耕时代，农牧业是社会生产力的标志，农业的兴衰决定着一国的兴衰。而进入工业化阶段，农业则可以为工业提供粮食和各种工业原材料，还可以输送城市工业部门所需要的廉价劳动力，甚至可以通过出口农产品换取城市工业发展所需的外汇和技术，使一国获得原始资本积累，从而为经济腾飞创造条件。

在现代社会中，农业被当作国民经济的第一产业，是与工业、服务业等二、三产业相对应的概念，主要是指利用可再生的自然资源（如土地、水、气和太阳能等），依靠生物体的自然生长发育和转化，通过人工培育，生产供人类生存和生活以及再生产所需要产品的生产活动。农业是国民经济发展的基础和保障，国民经济其他部门发展的规模和速度，都要受到农业生产力发展水平和农业生产率高低的制约。

在我国，农业的概念存在狭义农业和广义农业之分。狭义的农业仅指种植业或者农作物栽培业，包括粮食作物、经济作物、果林、饲料作物、油料及能源作物等的种植或栽培；广义的农业包括种植业、林业、畜牧业、副业和渔业，因此又被称为大农业。在我国，提到农业，第一印象就是粮食、蔬菜等种植业，因为中国农业数千年来一直以种植业为主，包括粮食作物、经济作物、饲料作物和绿肥等的生产，目前种植业在我国农业总产值中所占的比重为30%～50%。

二、农业的特点

与工业品相比，农业生产的对象都是有生命的有机体，最终产品的形成还要依赖于一定的环境条件，所以，农业生产受到的客观影响较多、不确定性较大。农业生产主要有以下特点。

（一）农业的生产时间与劳动时间不一致

农产品的生产除了人力的劳动付出以外，还要经过生产对象的自然生长过程，这造成了农业生产时间和劳动时间的不一致。劳动时间是指根据农产品生产的实际需要而投入劳动的时间，农业生产的劳动时间主要集中在农产品生长的前期以及后期，因为农产品具有较长的自然生长周期。如对于种植业来说，由于劳动时间仅仅是生产时间的一部分，同时由于劳动的投入时间与投入数量是由错综复杂的自然、经济、技术条件决定的，事先并没有（也不可能有）统一的规定，即劳动者什么时间整地、播种、浇水、施肥、除草、中耕、除虫、收割等，只能根据不同地点、不同作物品种、不同气候、不同技术措施，机动而又灵活地决定。

（二）土地是农业生产最根本的生产资料

农产品的生产受到生产活动所处区位土地品级的影响。土地是植物生长的场所，为其提供养分、水分，是动物、植物生长发育的重要环境条件。因此，土地的数量、质量和位置都是农业生产的重要制约因素。另外，不同区域的土地具有不同的气候、水源、土质、肥力、耕作方式、人文特征、制度法规，这决定了农作物的长期生长状况和产出水平。不同的农作物适宜在不同的土壤和气候状况下生长，也就体现了地域性对农业生产的制约作用。

（三）农业生产具有周期性和季节性的特点

由于农业生产的主要劳动对象是有生命的动物、植物，而动物、植物的生长发育有其生命活动周期。比如，农作物生长发育受热量、水分、光照等自然因素影响，这些自然因素随季节变化而变化，并有一定的周期，所以农业生产的一切活动都与季节有关，从播种到收割需要按季节顺序安排。同样，捕鱼、造林、畜牧等也有季节性和周期性。上述情况决定了农业生产中劳动力和其他生产资料利用的季节性、资金支出的不均衡性和产品收获的间断性。农业生产的季节性，一方面，表明根据农时安排生产的重要性；另一方面，表明农户多种经营和兼业经营的必要性。多种经营和兼业经营不仅可以比较充分地利用剩余劳动力和剩余劳动时间以增加生产，同时也可以用其经营的收入弥补资金支出不均衡和农产品收获间断所造成的收支缺口。

（四）生产经营过程的不确定性大

气候、天气、温度、疫情、自然灾害等自然因素都会对农业生产构成较大冲击。因此，农产品的生产相对于工业品，面临更大的风险性，这种风险主要来源于自然和市场的双重不确定性。农业的发展离不开自然界，受多种自然因素的影响。农业的自然风险主要表现在气象灾害、病害和虫害三个方面。特别是我国幅员辽阔、地理环境和气候千差万别，自然灾害不仅种类多、频率高、强度大，而且还具有时空分布广、地域组合明显、受损面广、损害严重等特征。在农业生产和农产品销售过程中，由于市场供求失衡、农产品价格波动、经济贸易条件等因素变化、资本市场态势变化等方面的影响，或者由于经营管理不善、信息不对称、市场前景预测偏差等，会导致农户经济上遭受损失。另外，农业生产的季节性、周期性、生产和销售时间的不一致性、农产品供给弹性、产品差异性较小、农产品易腐、不耐保存等特点，都加大了农业生产的市场风险。

（五）既是生产资料又是生活资料，也是本身的生产资料

农业最基本的功能是为人类生存和发展提供必需的食品、衣物等生活资料。除了提供衣、食等生活用品外，农业还会为农业部门以及非农业部门提供生产原料。在工业化早期，工业一般都是以农产品加工为主，如食品加工业、造纸业、纺织业等要依赖农业提供的大量原材料。农业也需要自身的产品作为生产资料，比如种植业需要种子、牲口等，养殖业需要谷物等作物作为饲料。

三、农业的基础性地位

（一）农业是国民经济的基础

农业是人类的衣食之源、生存之本，也是国民经济的基础。农业是提供人类生存必需品和生产资料的部门，任何社会都需要农业部门提供的基本生活资料特别是食物，同时农业也是支撑国民经济建设与发展的基础产业，国民经济其他部门发展的规模和速度都要受到农业生产力发展水平和农业劳动生产率高低的制约。因为，这些部门进一步发展所需要的土地和劳动力都是从农业部门转移出来的。可见，没有农业的发展，其他经济部门就不能从农业中完全分离出来，即使能够分离出来，各经济部门的进一步发展也需要农业发展的支撑。

需要注意的是，随着工业、服务业的不断发展以及社会分工的不断深化，农业在国民经济总产值中的比重逐渐下降，但这并不会动摇农业的基础地位，因为农业的基础地位并

不能单以产值比重和从业人员数量来衡量。

就我国而言，绝大多数人口还生活在农村，农业的发展直接关系到广大农民生活水平的提高。但目前我国农业相对还比较落后，已成为国民经济中的短板。因此，农业是我国人民生活水平提高、现代化建设、社会稳定的基础，并最终决定着国民经济其他各部门的发展规模和速度，是我国能否全面实现现代化战略目标的关键。

（二）农业的作用

农业的发展状况直接影响并左右国民经济发展全局，是工业等其他物质生产部门与一切非物质生产部门存在与发展的必要条件。农业对国民经济的作用可以归结为产品贡献、要素贡献、市场贡献、资本贡献和文化贡献等方面。

1. 增加城市农产品供应

当非农部门逐渐从农业中分离出来，并发展成为手工业、工业以后，城市也随之产生，但只有农业生产率不断提高，生产出超过农民所必需的剩余农产品时，其他生产部门所处的城市才可以获得基本食物保障，从而持续发展。除为非农部门以及城市供应食品外，农业部门还要为其提供生产原料。在工业化早期，工业一般都是以农产品加工为主，因此，工业的发展在很大程度上取决于农业的发展状况，如食品加工业、造纸业、纺织业等要依赖农业提供的大量原材料。虽然化工产业的发展使得化工产品（人造纤维、皮革、橡胶）逐渐替代了一些农产品原料，但是农业为工业所提供的原材料仍占较大比重。

2. 向非农业部门提供剩余劳动力

随着农业生产率的不断提高，原先全部用于生产农产品的劳动力获得了极大释放，农业部门出现了富余劳动力，并逐渐向非农产业部门转移，从而推动非农产业部门的发展。劳动力要素的转移为非农产业的发展创造了条件。不断转移的农村富余劳动力为非农产业提供了大量廉价劳动力，从而为经济起飞以及资本的原始积累奠定了良好的基础。

3. 为其他部门提供资本

农业可以为工业等其他非农产业的发展积累资金。在工业发展初期，农业依然是社会主要的生产部门，社会财富也主要通过农业生产积累。通过行政力量的强制执行，比如对农业征税或实行工农产品的价格"剪刀差"，为国家工业化提供原始资本积累。当工业资本积累达到一定阶段，工业超过农业成为支柱产业后，农业部门的资金仍会继续向非农产业部门转移，这种转移主要通过储蓄和直接投资来实现。

农业还可以通过出口农产品及其加工品为国家赚取外汇，或通过生产进口替代农产品为国家减少外汇支出，从而为国家平衡国际收支做出贡献。对于处于经济发展初期的国家，工业基础薄弱，产品国际市场竞争力差，为了获得国外先进技术、机器设备和原材料，必须发挥本国的相对比较优势，依靠农业部门来实现出口创汇。

4. 为其他部门提供产品市场

由于产业分工，农业的市场贡献来源于农业与其他部门的交换，包括农民购买日用品和农业生产资料（工具、服务、知识、化肥）。虽然产业存在分工，但是，基本生活消费需求在城乡之间却是一致的。农民生活所需的服装、家具、家电、日用工业品、耐用消费品等都需要从非农产业购买，从而成为这些产业的目标市场。特别是在工业化初期，农业部门是经济的主要部门，无论是绝对规模还是相对规模都较大，这使得农民成为工业产品的主要消费群体。另外，随着农业现代化的推进，农业对农药、化肥、农膜、机械、电力、能源等工业品的需求日趋增加。

5. 民族的文化根基

农业文化不仅是继承下来的作为人类共同财富的文化形态，而且是一种经济社会生产方式，充分体现了系统要素之间、人与自然之间和谐的可持续发展理念。在农业文化系统中，人（农民）的参与是十分重要的，可以说，没有农民就没有遗产的存在。在我国，农业文明直至今日，依然深植于人们日常生活的方方面面，我国农耕文化源远流长，已成为中华文明立足传承的根基。中华民族在长期的生息发展中，凭借着独特多样的自然条件和勤劳与智慧，创造了种类繁多、特色鲜明、经济与生态价值高度统一的重要农业文化遗产。这些宝贵的文化遗产是人类与所处环境长期协同发展中，创造并传承至今的、独特的农业生产系统，这些系统具有丰富的农业生物多样性、传统知识与技术体系和独特的生态文化景观，对我国农业文化传承、农业可持续发展和农业功能拓展具有重要的科学价值和实践意义，并成为中华民族继往开来的文化根基。

四、农业的生产要素及配置

农业生产要素是在农业生产过程中，为了获得人们需要的各种农产品所必须投入的各种基本要素的总称。农业生产要素主要包括以土地和水为代表的自然资源、农业劳动力、农业资金以及农业科技等。

（一）以土地和水为代表的自然资源

农业自然资源是指人们在农业生产中利用的或可能利用的、存在于地球表层自然系统中的参与农业生产过程的物质和能量，主要包括土地、水、气候、生物、农用矿物等，是农业生产所依赖的物质性基础。按照在农业生产过程中的作用和角色的不同，农业自然资源可分为两大类：第一类是作为经营对象的生物资源，包括森林资源、草地资源、农作物资源、动物资源、水产资源和遗传资源等；第二类是仅为农用生物提供生存载体或生长环境，其本身没有生命体征及物质生产能力的农业自然资源，比如土地资源、水资源、气候资源等。

自然资源主要以两种形式作用于农业生产：一种是作为动物、植物的营养被直接吸收、转化的；另一种是作为辅助动物、植物生长发育的环境和载体而存在的。同时，农业的发展也会反向作用于自然资源。一方面，它可以创造良好的自然资源和环境，集约化地利用可以节约的资源，并使土地资源得到休养和修复；另一方面，农业粗放式的发展，通过牺牲环境资源扩大耕地面积等掠夺式行为，森林资源、淡水资源、土地资源甚至空气都会受到较大程度的破坏。

农业自然资源优化配置包括区域化配置和时间优化配置。农业自然资源区域化配置是由资源的属性和特点决定的，主要包括区域内部主体之间的各种生产活动所需资源的优化配置、区域内部各产业之间的资源优化配置、区域之间资源的优化配置和区域通过参加国际经济活动而实现的资源优化配置。另外，农业自然资源的优化配置还是一个动态化的过程，需要根据资源的动态特征，得出资源在不同时段的最优分布，实现资源动态优化。

（二）农业劳动力

农业劳动力是指从事农业（包括种植业、养殖业、林业、牧业、水产养殖业）生产的劳动者。传统意义上，农业生产者即是农牧民，但随着社会分工逐渐细化以及生产力的发展，农业劳动力将逐渐成为专门的产业劳动者。有关农业劳动力的概念，一般分为两个维度，即数量和质量。农业劳动力的数量，是指社会中符合劳动年龄并有劳动能力的人的数量和不到劳动年龄或已超过劳动年龄但实际参加劳动的人的数量。农业劳动力的质量是指农业劳动力的体力强弱、技术熟练程度和科学、文化水平的高低。农业劳动力的数量和质量因受自然、社会、经济文化教育等各种因素的影响而处于不断变化之中。

劳动是一切社会存在和发展的最基本条件。任何社会的一切社会财富，都是人们从事生产活动的结果，是人类劳动与自然界相结合的产物。没有农业劳动，就没有农业的存在与发展，也就没有整个国民经济或社会存在与发展的基础，因此农业劳动是农业乃至整个国民经济与社会存在与发展的基础。农业劳动在农业中的重要作用，还表现在农业劳动具有能动性，即它是在农业生产力各要素中唯一具有活力的要素。农业劳动者的劳动能力随着科学技术的发展和对自然、经济规律认识的加深而不断提高，而且正是农业劳动能力的不断提高，才使农业和国民经济得到了迅速的发展，自然界为社会提供的物质财富急剧增加。重视劳动力在农业发展中的重要作用，对中国来说具有特别重要的现实意义。中国农业劳动力规模巨大，而劳动力既是重要的生产要素又是消费者，只有充分、合理地利用好农业劳动力资源，才能促进农业的更快发展，否则就会影响农业甚至整个国民经济的发展。

农业劳动力的配置主要由供给和需求决定。从农业劳动力的供给侧来说，农业劳动力的供给资源主要来自农村人口资源。人口资源的状况主要是由社会、经济、文化和历史传统等综合状况决定的。农村社会的综合状况与城市社会相比，存在着极为鲜明的差异，促使农业劳动力的供给有其自身明显的特点。农业劳动力供给的决定因素，主要有农村人口及其结构、农业劳动的经济收益、农业劳动力的素质等。从农业劳动力需求角度来讲，劳动力需求包括对农业劳动力的数量需求和质量需求两个方面。前者是指农业部门维持再生产所必需的农业劳动力数量；后者是指农业部门维持再生产对农业劳动力文化、技能及健康等达到一定素质水平的要求。农业劳动力的需求主要受到农业自然资源的状况、社会人口和经济状况、政府政策等因素的影响。

（三）农业资金

农业资金有广义和狭义之分。狭义的农业资金是指社会各投资主体投入农业的各种货币资金。广义的农业资金是指国家、个人或社会其他部门投入农业领域的各种货币资金、实物资本和无形资产，以及在农业生产经营过程中形成的各种流动资产、固定资产和其他资产的总和。广义的农业资金实际上就是用于农业生产经营的各种财物和资源的总和，并且总是以一定的货币、财产或其他权利的形式存在。在既定的农业资金条件下，农业生产经营者可以根据技术条件和各种资金要素的相对价格，以成本最小化或利润最大化为目标，选择最优的生产要素和产品组合进行生产。在所有的资金形式中，最重要的是货币资金。在市场经济中，货币资金高流动性的特点可以使其很容易地转化为任何其他形式的资金，因此，货币资金成为农业资金研究的重点。广义的农业资金实际上已经涉及农业管理的全过程，而目前制约农业发展最关键的资金问题是狭义的农业资金的投入问题。

农业资金涉及的范围很广，对农业资金概念的理解必须抓住农业资金的本质特征。农业资金除了有一般资金的特征（流动性、多功能性、收益性）外，还包括低收益性、外部性、政策性等特征。按农业资金的来源（或投资主体）进行分类，农业资金包括农户资金、农业财政资金、农业信贷资金、企业或其他经济组织投入的农业资金、国外农业资金；按农业资金服务的对象进行分类，农业资金包括农业生产资金、农业产品销售资金、农业基础设施资金、农业科研及推广资金、农业公共服务资金；按农业资金投入领域的性质分类，农业资金包括用于农业私人产品的农业资金、用于农业公共产品的农业资金。

尽管农业投入带来的回报率甚小，但是如果没有其他的选择机会，机会成本就完全不存在，这就是为什么越是贫穷的地区，农户农业投资的程度较之于经济发达地区的农户投资更为积极。在劳动力要素层面，由于固有的户籍制度存在，农户长期被拴在农业产业部门内，伴随着农村经济发展和国家城镇化进程的推进，劳动力要素市场相对流动性提高后，农户面临的就业选择也发生了变化，出现了农业生产与非农生产两个选项。面对不同的选项，农户不同的就业选择带来的机会成本也是不一样的。至今，农村的留守老人、留守儿童等的普遍存在，究其原因，在于农户从事农业生产的机会成本较大，所以在工业化进程的中后期阶段，农户更偏好于从事非农就业选择。由此带来的对农业生产的资本要素投入则会降低到仅仅维持生活需要的水平。

因此，为了提高农业资金在农业生产中的配置效率，需要积极引导资金投入农业，实现农业资本的形成和积累，改善和提高农业资本配置效率，加快推进农业产业发展和农村经济增长。为此，需要从以下五个方面着手，搭建一个社会资金投入农业、农业资本优化配置、农业产业均衡发展的系统工程目的有五个：一是重塑农业产业的市场地位；二是注重政府投资的双重性功能；三是推动农村金融服务功能的回归；四是调动农户投资的意愿；五是构建区域一体化资金投入机制。

（四）农业科技

农业科技，主要是指与农业相关的科学技术。从狩猎到养殖，从采摘野果到种植工作，离不开劳动人民在生产中的探索和研究。今天，农业的进步与发展更需要科技的支撑。农业科技促使农业生产模式不断变化，如：由"平面式"向"立体式"发展、由"自然式"向"设施式"发展、由"常规式"向"生态式"发展、由"单向式"向"综合式"发展、由"机械式"向"自动式"发展、由"化学式"向"生物式"发展等。

农业发展离不开农业科技的发展，特别是农业技术创新。狭义上讲，农业技术创新是指农业技术成果的创新和发明；广义上讲，农业技术创新是在农业生产体系中引入新的动物、植物品种或生产方法，以实现农业生产要素重新组合和生产效率提高的一系列行为。农业技术创新主要包括农业生产和管理中的新品种或新方法的研究开发、试验、推广、应用和扩散等一系列相关联的技术应用过程。农业技术创新的主体主要包括政府、农民、农业科研机构和高等农业院校、农业科技企业、农业技术推广和服务机构。农业技术创新的特点主要有：技术创新的公共产品特征，技术创新周期长、不确定性大，技术创新的阶段性特征。

农业创新的分类有多重标准：按创新的对象不同，可分为种质创新、产品创新和方法创新；按创新的性质不同，可分为农业硬技术创新、软技术创新和硬软混合技术创新；按创新的方式不同，可分为突变性创新和渐进性创新；按技术创新的阶段不同，可分为科研成果创新、开发成果创新和推广应用创新；按技术创新的动力不同，可分为以经验为基础的创新和以科学理论为依据的创新。

农业技术资源的优化配置是指农业技术资源在各种可能的用途之间做出选择，以获取最佳效率和效益的过程。我国农业技术资源的优化配置要做到两点：一方面，要充分发挥政府、企业两种主体和计划、市场两种配置方式的作用，以实现长短结合和优势互补，防止政府失灵和市场失灵；另一方面，要坚持以市场化配置改革取向为基础。对于政府在农业技术配置的角色要做到五点：一是要发挥政府在技术资源配置领域的导向和保障作用；二是要依托小城镇和科技园区建设，增强农业技术资源的集聚能力和扩散能力；三是要加快体制改革，构建以刺激农业技术供给与需求为主要内容的双向激励机制；四是要有效利用计划和市场两种手段，合理配置农业技术和人才资源；五是要构建快捷、高效的农业技术风险防范机制。另外，一般来说，采取市场配置方式更有利于农业技术的创新和转移，实现农业技术的市场化配置，须从供给、需求和中介三个方面进行构架。

第二节　农业经济

一、农业经济及其结构

农业经济是以农业为主，以利用自然力为主，生产不必经过深度加工就可消费的产品或工业原料的经济形式。其范围各国不尽相同，一般包括农业、林业、渔业、畜牧业和采集业。农业经济一直持续了几千年，最初农业经济采用的是原始技术，使用的是犁、锄、刀、斧等手工生产工具和马车、木船等交通运输工具，主要从事农业生产，辅以手工业。在这几千年中，尽管科学技术有所发展、生产工具不断改进，但在工业革命之前，这种生产格局没有改变。随着产业分工的逐渐深化，农业经济作为第一产业，对整个国民经济起到基础性支柱作用。作为一个经济类型，农业经济的结构也在不断演化。

所谓农业经济结构，是指农业经济中诸要素、诸方面的构成情况与数量比例。农业经济结构主要包括农业经济关系结构与农业生产力结构。前者包括经济形式结构和再生产过程中的生产、分配、交换、消费关系结构；后者包括农业部门结构、农业技术结构、农业区域结构等。此外，农业经济结构按集约化程度划分为粗放型结构与密集型结构等；按照商品化程度划分为自给型结构、半自给型结构、商品型结构等。上述各种农业经济结构内部还可细分，如农业区域结构既可分为种植业区、林业区、牧业区、渔业区等经济结构，又可按地貌形态划分为山地、丘陵、高原、平原、盆地等农业经济结构。农业经济结构是一个多类型、多层次的经济网络结构，其形成和发展主要取决于社会生产方式，同时受资源条件、社会需要等因素的制约和影响。

农业产业的可持续发展，需要有一个合理的农业经济结构。在考察农业经济结构时，需要了解农业总产值中农（种植业）、林、牧、副、渔业各生产部门的组成情况，一般用农、林、牧、副、渔各业在农业总产值中的比重来表示。判断农业经济结构是否合理，需要把自然因素和社会因素结合起来，包括：资源是否得到充分的合理利用，经营体制是否适应生产力发展的水平，经济效果如何，产品是否适应社会需要，有关经济政策是否能够促进生产的发展等。具体来讲，合理的农业经济结构须达到以下要求：首先，发挥比较优势，充分、合理地发挥当地自然资源、劳动力、技术等方面的优势，扬长避短、趋利避害；其次，保障粮食安全，使粮食与经济作物，农业与林、牧、副、渔各业互相配合，互相促进，协调发展，形成良性循环；最后，注重经济效益，从宏观经济和微观经济两方面看，都能够取得最佳的经济效果，不能只看产量高低、产值大小，还要考虑土地生产率、投资效益率、劳动生产率等指标。

二、农业经济学定义

农业经济学是运用经济学的基本原理，在土地、劳动力、资金、技术、信息等稀缺资源的约束条件下，研究农产品供给与需求、要素价格与市场、微观组织、宏观政策等内容的部门经济学科。其内容包括农业中生产关系发展变化、生产力诸要素的合理组织与开发利用的规律及应用等。

在社会主义条件下，农业经济学的研究和应用对于系统阐明社会主义农业制度的发生、发展规律，以便正确地进行农业的社会主义改造和社会主义建设，对于合理利用农业资源和科学技术成果，对于加速发展社会主义农业生产，以及对于加强对农业经济活动的宏观和微观管理等，都具有重要意义。

俄亥俄州立大学于19世纪末期便开设了"农村经济学"课程。最初的研究主要集中于农场管理，主要学者有泰勒、斯皮尔曼和沃伦等。20世纪20年代，美国农业经济研究颇为活跃，农业经济学者如泰勒、诺尔斯、伊利、约德、卡弗等人各有侧重地分别对农场经营的理论与实务、农产品的价格与运销以及土地经济、农村经济等问题进行了探讨。布莱克的《生产经济学导论》则为农业生产经济学的创立做出了贡献。经过20世纪30年代初世界经济危机的冲击，资本主义国家的政府加强了对农业生产的干预，农业经济学的研究也发生了变化。20世纪50年代后，舒尔茨发表《不稳定经济中的农业》，将农业放在整个国民经济中加以考察，运用新古典学派的经济理论，为政府制定农业政策、解决农业收入低和不稳定等问题提供依据。由于农业专业化、社会化的发展以及"农工商联合企业"等的出现，20 世纪 50 年代以来，西方农业经济学的新发展还表现在更加系统地运用新古典学派的理论与方法，更加系统地应用数学方法包括应用电子计算机来分析、研究农业经济问题；产生了许多新的分支学科，如农工联合企业管理学、农业发展经济学、农业资源经济学和食品经济学等。

农业经济学研究中，有三个比较前沿的领域获得广大学者的关注：一是持续多年的农业贸易谈判；二是中国及其他发展中国家的农业改革；第三是资源环境退化与农业的可持续发展。可以说，农业政策问题常常位于国际贸易谈判议程的中心。在关贸总协定回合谈判中，争议最多、谈判最艰苦的领域就是农业政策。同时，农业政策改革一直是各国关注的重点，也是中国经济改革的主要领域，中国成功的农业改革为中国经济的持续增长奠定了基础。因此，在新常态下，如何更好地对农业进行新一轮的改革，促进现代农业发展，推动经济新一轮增长，也是中国农业经济研究的重要内容。另外，农业技术的快速发展，一方面，为世界经济和人口的快速增长奠定了基础；另一方面，技术进步带来的农业生产集约化和专业化，也极大地影响了农村社会和环境，环境保护与"绿色"关切日益受到公众的关注，并不断凸显在政治议程上，成为具有重大吸引力的农业经济研究新领域。

三、农业经济学的形成和发展

（一）前资本主义的农业经济思想

前资本主义农业经济思想的代表是重农抑商的思想。中国古代农业经济思想可以追溯到远古时代，中国春秋时期，孔子和孟子的著作中已有多处论及农业经营、土地制度和发展农业经济、安定民生的问题。战国初李悝创平籴之法、汉代董仲舒"限民名（占）田，以澹（赡）不足"的主张以及宋代王安石推行的青苗、均输、市易、免役、农田水利政策等，都是中国古代社会时期农业经济思想的代表。重农思想是中国古代经济思想中最重要的思想体系之一，在古代历史的发展过程中，重农抑商构成了中国古代政府的基本国策。《管子》确立了农本学说的开端，强调农业是人类的衣食之源，是国家积累和财政收入的基础，是国防的物质后备。战国初期，随着新兴地主阶级的崛起，出于巩固政权的目的，地主阶级宣扬重农理论，鼓励人们从事农业生产，以为国家积累财富，重农思想逐步形成。

西方的农业经济思想至少可以追溯到古希腊和古罗马时代。古希腊思想家色诺芬在公元前 400 年前后写的《经济论》是古希腊流传至今的第一部经济著作。公元前 2 世纪到 4 世纪的 600 年间，罗马先后出现了 4 部涉及农业问题的著作。古希腊和古罗马时代的农业经济思想虽然没有形成完整的体系，却是农业经济思想和理论的发展源头。欧洲中世纪的农业经济思想也是强调重农抑商的思想，其代表人物是弗朗斯瓦·魁奈、杜尔阁。欧洲的重农抑商思想无论从文化背景，还是思想体系本身，特别是自然秩序学说、《经济表》的思想、重农理论、赋税思想等都与中国传统的重农思想存在相通之处。法国重农学派认为农业供给社会所有生产的原材料，为君主和土地所有者创造收入，给僧侣、劳动者以收入；认为农业创造的是不断地在生产的本源的财富，维持国家各个阶级的运转，给所有其他职业者以活动力，是发展商业、增殖人口、活跃工业进而维持国家繁荣的基础。

农业经济学作为一门科学，是随着资本主义的发展和农业生产的商品化而逐渐形成的。早在 18 世纪中叶，法国重农主义经济学家魁奈已应用投入产出对照表方法研究农业经济，提出只有土地和农业才是一切超过生产费用的"纯产品"或剩余的唯一源泉，宣扬自由竞争和重农经济学说。

（二）近代资本主义农业经济发展

近代农业经济思想主要产生在英国、法国和德国，主要包括在古典政治经济学之中。在最早出现资本主义农业经营的英国，农业经济学家杨格在其所著《英格兰及威尔士南部游记》和《法国游记》中，在鼓吹资本主义农业制度的同时，提倡作为近代农业特征之一的诺福克轮作制度，论证了大农业经营的优越性，生产要素配合比例和生产费用、收益的关系等问题，可视为近代西方农业经济学的先驱。与此同时，马歇尔通过农村调查写了题为"农村经济"的报告。19 世纪中叶，《皇家委员会报告》中，出现了"农村经济学"和"农业经济学"的名词，似为这一学科名称的始源。20 世纪初期，牛津大学成立农业经济研究所，从事农业经济问题的研究。在德国，18 世纪中叶，经济学界的官房学派已对作物耕种、农地利用、农事经营等有较具体的研究。泰尔所著《合理的农业原理》一书首先提出农业经营的目的是为了获得最大利润，并大力宣传轮作制，以代替三圃制。泰尔的学生屠能的主要著作《孤立国》着重于分析农业经营集约度，创"农业圈"之说，对级差地租理论的贡献尤大，被视为农业配置学的创始人，也是德国农业经营经济学派的奠基者。这一时期，主要有以下几个代表学派。

1. 重商主义

重商主义从商业资本的运动出发，认为金银或货币是财富的唯一形态，一切经济活动的目的就是获取金银，并且认为，除了开采金银矿以外，只有对外贸易才是财富的真正源泉，只有在流通领域中才能得到增加的货币量。因此，重商主义主张，在国家干预下，积极发展对外贸易，遵循多卖少买、多收入少支出的原则，使货币尽可能地流向国内。该学派最具代表性的就是威廉·配第提出的地租理论，把地租的本质归结为剩余劳动的生产物，正确地理解了剩余价值的性质和来源。配第是最早提出级差地租概念的经济学者，认为级差地租是由于土地丰度不同和距离市场远近不同而引起的。配第还提出了土地价格的问题。他认为，土地价格就是预买一定年限的地租，实际上，他已经认识到"土地价值无非是资本化的地租"。

2. 重农主义

以法国布阿吉尔贝尔为代表的重农学派是重商主义的坚决反对者。他反对重商主义的财富观，认为货币并不是财富，而是为便利交换而产生的流通手段，真正的财富是土地的产物。与重商主义的对外贸易是财富源泉的观点相对立，布阿吉尔贝尔强调只有农业才是创造财富的源泉，农业繁荣，则百业兴旺。虽然法国资本主义发展的缓慢和落后，使布阿吉尔贝尔将资产阶级财富的形式局限于土地产品，但他把对经济问题的分析从流通领域转移到生产领域，从而为法国古典政治经济学的创立奠定了基础。布阿吉尔贝尔认为，商业是社会经济发展所必需的，它起互通有无的作用。在商品交换中，各种商品价格必须保持一定比率，他意识到这种比率是由个人劳动时间在各个产业部门的分配决定的，而自由竞争是造成这种正确比率的社会过程。但他又认为，货币破坏按照比率价格进行的交换，是使人民贫困和社会产生罪恶的根源。他承认商品交换的必要性，又把货币看作是交换的扰乱因素，实际上是颂扬没有货币的商品生产和交换，反映了小生产者的观点。

3. 古典政治经济学

古典政治经济学是在价值理论的基础上来研究农业的，从而探讨地租理论、农产品价格理论、生产要素的投入与收益间的关系以及有关农业的各种政策，真正进入了农业经济的理论探讨。李嘉图是古典政治经济学的集大成者，在坚持劳动价值论的前提下，创立了古典政治经济学发展中最完备的地租理论。他把地租看成是利润的派生形式，从而认为利润是剩余价值的唯一形式。在近代资本主义思想中，古典政治经济学家们逐渐开始注意到从生产、交换、分配、消费几个环节来分析社会生产，注意到生产要素的投入与经营收益之间存在一定的关系或规律，即土地报酬递减规律，这既是农业生产的特点，又被用来作为地租理论的基础。

4. 相对独立阶段

相对独立的农业经济理论产生在古典政治经济学的基础之上。其中，英国经济学家阿瑟·扬格被认为是农业经济学的开创者，他在18世纪中后期出版了《农业经济学》，比较具体、详细地论述了农业生产要素配合比例、生产费用和经营收益的关系。他认为，资本主义大农场具有比传统小农经济更大的优越性，主张按追求利润的原则，建立大型的、以雇用农业工人为主的资本主义农场经济。同时，农业经济学在德国也得到了更大程度的发展。其中，贝克曼在18世纪60年代末期出版了《德国农业原理》一书，成为第一次专门为高校撰写的农业教科书，并主张农业改革，分配共有土地，合并分散耕地地块，消除农民的杂役负担。

（三）近代资本主义后期农业经济思想

1. 马克思的劳动价值论

劳动价值论认为商品价值由无差别的一般人类劳动，即抽象劳动所创造。劳动决定价值这一思想最初由劳动经济学家配第提出。亚当·斯密和大卫·李嘉图也对劳动价值论做出了巨大贡献，马克思在继承二者理论科学成分的基础上，用辩证法和历史唯物论从根本上改造了劳动价值论。马克思劳动价值论包括以下内容：抽象劳动创造价值的原理；社会必要劳动时间决定价值量的原理；价值形成过程的原理；价值增值过程的原理；商品价值构成的原理以及价值是商品经济历史范畴的原理等。马克思的劳动价值论对于理解农业报酬有着重要指导意义。另外，马克思以及恩格斯在土地国有论和农业计划论、社会主义农业的组织形式和农民身份、农民改造理论、社会主义城乡一体论等方面也有重要的理论创新。

2. 李斯特对农业作用的阐述

德国历史学派的代表人物弗里德里希·李斯特（Friedrich List）对农业在国民经济中的地位和作用有着非常深刻的论述。他认为，纯农业国是社会历史发展中的一个重要阶段；要使工业发展，需要高度发展的农业；只有建立和发展工业，农业本身才能进一步发展。纯农业国资源利用程度低；纯农业国分工协作发展程度低；纯农业国农业常处于残缺状态；纯农业国贸易常使其处于发达国家的从属地位；纯农业国普遍存在分散、保守、迟钝，缺乏文化、繁荣和自由。

3. 戈尔兹的《农业经营学》

特奥多·冯·戈尔兹曾任耶拿大学、波恩大学等校的教授，在李比希影响下研究农学，曾讲授过农业经营学、土地评价学、农业簿记、农业政策、农业制度、农业史等课程，并于19世纪80年代中期出版了《农业经营学》。戈尔兹力图使农业经营学从李比希影响下的农业化学转回到经济学，深受其影响的是他的两个学生艾瑞保和布林克曼，他们后来都成为著名的农业经营学家。

4. 艾瑞保《农业经营学概论》和布林克曼《农业经营经济学》

19世纪末20世纪初，农业经济科学从经济学体系中独立出来。弗里德里希·艾瑞保和特奥多·布林克曼将农业经济学发展成为一个完整的理论体系。艾瑞保所著《农业经营学概论》，发展了农业经营经济学；布林克曼集德国农业经营经济学之大成，在其主要著作《农业经营经济学》中，围绕农业集约化和农业经营制度两大主题，论述了边际收益递减规律、投资收益界限、部门配合理论以及生产规模等问题，还应用动态分析方法，分析了影响农业集约度和农业经营制度变革的各种主要因素，使当时以农业经营经济学派为代表的西方农业经济学在理论和方法上形成一个较为完整的体系，并为当代生产经济学准备了基础。此外，德国还出现了强调发挥农业政策作用的农业政策学派，代表人物有戈尔兹、康拉等。

（四）现代农业经济学

进入 20 世纪以后，现代农业科学已经形成了一个独立、完整的体系，人们把农业科学研究领域分成四大类：农业生物科学、农业环境科学、农业工程科学和农业经济科学。这四大类可以归为三大研究领域：农业经济、管理科学；农业机械、工程科学；农业生物、环境科学。

如果说农业经济学前期的思想中心在欧洲的英国和德国，那么进入 20 世纪以后，美国的农业经济学科得到了快速发展，并逐渐成为农业经济学的中心。泰勒的《农业经济学概论》和博伊尔的《农业经济学》都是 20 世纪 20 年代运用微观经济学原理研究农业经济问题的重要著作。20 世纪 50 年代以后，农业经济理论进一步深化并建立起比较完善的学科体系。这一阶段的农业经济学研究更加系统地运用了一般经济学的原理和方法去研究农业经济问题，并强化了定量分析，扩大了研究领域。总体来说，现代农业经济学研究涉及农业经济系统的各个方面，已经发展成一个有基础理论和科学方法的比较完整的学科体系，它包括农业经济学（又分为农业生态经济学、农业资源经济学、农业生产经济学、农业发展经济学）、土地利用、农村金融、农村市场学、农业财政、农业会计、农业技术经济学、农场经营管理学、国际农业经济、农产品贸易、农村社会学等。

早期比较具有代表性的现代农业经济学人物有布莱克、海地等。20 世纪 20 年代，美国的布莱克应用新古典理论，综合农场生产数据统计分析结果，出版了《生产经济学概论》，这是以农业生产经济学命名的第一部著作。20 世纪 50 年代，海地运用微观经济学和 20 世纪 40 年代统计学、数量经济学的各种新成果，出版了《农业生产经济学与资源利用》，系统地引入生产函数和线性规划，使农业生产经济学成熟和完善起来。20 世纪 50 年代以后，农业生产经济学进一步运用数学方法进行定量分析，并出现研究农产品市场与需求、研究生产中风险与不确定性、研究大范围农业与多层次农业的明显趋向。

四、农业经济学以及现代农业经济学在中国的发展

近代农业经济学约于 20 世纪 20 年代介绍到中国。早期主要是一些经济学家包括不少

外国经济学家用西方农业经济学的观点来考察中国农村生活、研究中国农村经济问题，著作有陶孟和的《中国农村生活》、贝克的《农业与中国的将来》、泰勒的《中国农村经济研究》和卜凯的《中国农家经济》等。20 世纪 30 年代以后，中山文化教育馆、南开大学经济研究所以及金陵大学、浙江大学、中央大学等机构中展开研究，许璇、梁庆椿、吴文辉、章植等先后发表了不少有关农业经济学概论、土地问题、佃农问题等的论著。毛泽东的《中国社会各阶级的分析》《湖南农民运动考察报告》等著作的发表，为应用马克思主义的观点和方法研究中国农村经济问题掀开了新的一页。在中国共产党领导下，有陈翰笙、薛暮桥、孙晓村等成员的中国农村经济研究会，对中国农村经济问题进行了调查研究。20 世纪 80 年代以后，由于更多地结合了中国农村经济改革和农业发展的实践，社会主义农业经济学的研究有了新的进展。

第二章　农业经济组织

第一节　农业家庭经营

一、农业家庭经营概念

农业的发展必须以完善的农业微观组织体系作为依托和支撑，其中农业家庭经营组织居于微观组织体系的主体地位，对农业的发展起着基础性的保障作用。

农业家庭经营是指以农民家庭为相对独立的生产经营单位，以家庭劳动力为主，所从事的农业生产经营活动。农民家庭既是生活消费单位又是生产经营单位，作为生产单位，实行家长制或户主制管理，不同于公司制企业实行规范的内部治理结构；农业家庭经营突出劳动组织以家庭成员的协作为主，家庭代表者负责农业经营的管理运营，家庭成员承担大部分农业劳动，强调以使用家庭劳动力为主，而非以雇工经营为主。

农业家庭经营是一种弹性很大的经营方式，可以与不同的所有制、不同的社会制度、不同的物质技术条件、不同的生产力水平相适应。因此农业家庭经营在很长的历史阶段中占据主要地位。

为什么农业家庭经营在农业生产中占据主要地位呢，这是由于：第一，农业生产是自然再生产和经济再生产交织在一起且生产周期长，决定了农业生产和家庭经营需要密切结合；第二，农业风险大，农业自然环境条件的不可控性和劳动成果最后决定性，成就了家庭经营是最好的组织形式；第三，家庭成员利益的一致性，使农业生产管理监督成本最小；第四，家庭成员在性别、年龄、技能上的差别，劳动力得到充分利用并降低用工成本；第五，家庭中资金、技术和信息可在不同产业、职业成员间共享，有利于非农资金、技术支持农业；第六，发达国家的社会实践证明，高度发达的现代化农业家庭经营已走上了商品化、企业化、规模化、社会化发展道路。

二、我国农业家庭经营产生与发展

家庭经营作为一种弹性很大且普遍存在的经营方式，是由农业生产受自然影响大、农业劳动过程和劳动质量难以监督和评价等特点所决定的。采用家庭这一组织形式，将生产单位和生活单位有机结合起来，提高了资源的配置效率，增强了凝聚力，产生了较高的生产力。因此，家庭经营在当前和未来相当长的时期内，都将发挥重要的作用。

我国农业家庭承包经营的产生与发展大约经历了以下三个阶段。

（一）实践萌发和理论准备阶段

20 世纪 70 年代末，安徽省部分地区率先恢复包产到组、包产到户责任制，拉开了中国农业经济体制改革的序幕。20 世纪 70 年代末确定了发展农业生产的系列新政策，包括人民公社、生产大队、生产队的所有权和自主权必须受国家法律切实保护，不允许无偿调用和占有生产队的劳力、资金、产品、物资；公社各级经济组织必须认真执行按劳分配、克服平均主义；社员自留地、家庭副业和集市贸易是社会主义经济的必要补充，任何人不得乱加干涉；人民公社实行三级所有、队为基础的制度，稳定不变。新政的推行为农业包干到户提供了良好的政策环境，到 80 年代初，全国实行各种包工责任制的生产队已占到全国生产队的 55.7%，改革浪潮迅速从安徽、四川、云南向全国发展开来。

（二）政策制定与全面发展阶段

20 世纪 70 年代末，通过了《中共中央关于加快农业发展若干问题的决定》，指出："可以按照定额记工分，可以按时记工分加评议，也可以在生产队统一核算和分配的前提下，包工到作业组，联系产量计算劳动报酬，实行超产奖励。不允许分田单干。"20 世纪 80 年代初，《关于进一步加强和完善农业生产责任制的几个问题》中指出：应从实际出发，允许有多种经营形式、多种组织形式、多种报酬办法同时存在，凡有利于鼓励生产者最大限度地关心集体生产，有利于增加生产、增加收入、增加商品的责任制形式，都是好的和可行的，都应加以支持，不可拘泥于一种模式、搞一刀切。这个文件的出台为包产到户正名，全国各地多种形式的联产责任制由此得到了迅猛发展。

（三）完善稳定阶段

20 世纪 80 年代初，《全国农业工作会议纪要》指出：我国必须坚持社会主义集体化道路，土地等生产资料公有制是长期不变的，集体经济要建立生产责任制也是长期不变的；包干到户是建立在土地公有制基础上的，农户和集体保持承包关系。《当前农村经济政策的若干问题》中进一步肯定了包产到户责任制，并宣布对人民公社体制进行改革。《关于一九八四年农村工作通知》确定土地承包期应在 15 年以上，生产周期长的项目可以更长一些，解决了农民对政策的担心。家庭承包经营在全国铺开，农业生产取得了前所未有的增长。20世纪90年代初明确了建立社会主义市场经济体制的改革目标。全国人大常委会制定了《农业法》，修订了《宪法》，在法律层面上肯定了家庭联产承包经营体制。21世纪初全国人大通过《中华人民共和国农村土地承包法》，从法律上赋予了农民长期而有保障的土地承包权。《关于推进农村改革发展若干重大问题的决定》指出：必须毫不动摇地坚持以家庭经营为基础、统分结合的双层经营体制，明确现有土地承包关系要保持稳定并长久不变。

三、农业家庭经营的发展与创新

（一）家庭经营现状

家庭承包经营已经成为我国农业生产的基本组织形式，随着社会经济发展，它也暴露出一些问题，表现为以下方面。

1. 经营单元小，缺乏规模效应

我国人口众多，耕地面积少，贯彻"公平优先、兼顾效率"的原则，实行"耕者有其田"的政策，土地按照劳动力或人劳比例进行平均分配，导致了每个农户所经营的土地面积有限，规模较小，土地所承担的社会保障功能高于生产功能。随着农村经济的发展，农户经营规模过小导致了一系列问题，比如家庭劳动资源得不到充分利用，一些高素质劳动力开始脱离农业进入二、三产业，农村劳动力呈现老龄化和以妇女为主；集约化、标准化程度低，种养成本不断加大，农产品频繁遭遇卖难买贵。农民收入的减少拉低了农业技术进步的动力和物质技术装备资金的投入等。随着农村劳动力的持续转移，实行农业生产规模化经营已成必然。

2. 农民组织化程度亟须提高

随着农产品市场化程度的提高，分散的农户进入市场参与竞争遭遇许多障碍。一方面，农户在市场交易中由于市场经济意识淡薄，加之供求信息不对称，导致对市场判断不准确，缺乏与市场对接的有效渠道，生产什么卖什么。另一方面，由于农户之间缺乏协作机制，缺乏自我组织能力和代表农户利益的合作经济组织，千家万户独自闯市场，农产品生产的单一性、季节性、产量大、不耐储藏等特点与消费的多品种、连续性、标准化要求难以匹配，加之交易批量小，交易频率高，大大提高了市场的交易成本。因此联手组建合作组织，抱团打天下，与现代商业流通业快速对接，成为必然趋势。

3. 管理人才和管理水平欠缺

家庭经营管理基本是家长制管理，家庭成员之间自觉服从家长管理，生产经营决策一般由家长做出，因此家庭经营的管理水平取决于家长的管理水平。随着大量青壮年劳动力流入城市，家庭承包经营的主体成员多为老人和妇女，他们掌握新技术和新理念的难度大，而农业的可持续发展和农业现代化迫切需要大批懂技术会管理的职业化人才。

4. 土地承包存在期限限制

稳定农村土地承包经营关系的关键，是农村土地承包要有一个较长甚至永久的期限。《农村土地承包法》规定："耕地的承包期为 30 年。草地的承包期为 30 至 50 年。林地的承包期为 30 至 70 年；特殊林木的林地承包期，经国务院农业行政主管部门批准可以延长。"这表明农村土地家庭承包的期限不少于 30 年，这与改革开放后农村土地第一轮承包 15 年期限相比要长，更有利于稳定承包关系。但承包期无论是 30 年，还是 30 年以上，虽长短有别，终究还是存在时间限制，还不能够彻底消除农民对所承包土地因存在期限、迟早被收回而无法充分有效地保障自己各种收益的担心。

5. 土地承包经营权流转制度亟须健全

《农村土地承包法》规定："国家保护承包方依法、自愿、有偿地进行土地承包经营权流转。"同时，《农村土地承包法》对承包方和受让方的资格做了严格限定，要求承包方必须"有稳定的非农职业或者有稳定的收入来源"，受让方必须是"其他从事农业生产经营的农户"。限定受让方的资格，目的在于维护和确保被承包土地的农业经营性质，但现实中大量存在因个人意愿、能力等因素不愿从事土地承包经营的农户，他们希望通过自由转让土地承包经营权获取最原始的启动资金，以从事其他非农职业，获得稳定收入，土地承包经营权转让的条件限制，阻碍了他们从事其他非农职业的积极性，无法避免其对承包土地的低效利用和短期行为，这不仅影响了农村家庭承包经营的稳定和完善，而且不利于社会主义市场经济体制在农村的建立和发展，不利于农业综合生产能力的提高以及农村经济的发展。

（二）家庭经营的发展与创新

家庭经营的组织结构已成为我国农村生产力发展最可靠的支点。建设社会主义的新农村，农业要走向现代化，首先要实现家庭经营制度的创新。

第一，创新土地承包经营权流转，发展多种形式的适度规模经营。推进土地承包经营权流转，发展农业规模经营，是转变农业增长方式的有效途径。土地适度规模经营是通过土地使用权流转和集中来实现的，因此，土地使用权流转机制是否有效、灵活、合理，是发展土地适度规模经营的一个重要环节。要妥善解决土地使用权流转中存在的问题，促使土地合理集中，必须健全土地使用权流转的法律机制，在以法律手段明确土地所有权、稳定农户承包权的基础上，恢复土地的商品属性，在承包期内允许土地使用权依法转包、出租、抵押、入股、继承等。由于我国各地自然条件和经济条件差异较大，土地使用权流转不可能采取单一的方式。各地在家庭承包经营的实施和完善过程中，积极探索了多种土地使用权流转的方式，法律应对这些方式做出相应的规范，将土地使用权流转纳入法制的轨道。

土地承包经营权的流转为农业规模经营奠定了基础。适度规模经营是我国农业经济发展的必然趋势，是调整现有土地经营方式、推进农村产业结构调整、发展现代农业和农民收入增长的重要途径。

第二，提高家庭经营组织化，特别是要提升产业关联程度。随着农业现代化水平的提高，农业社会化分工越来越细，产业关联程度越来越强。从新经济学的观点看，当市场经济发展到一定程度，市场主体间的关系不能单纯依靠交易来维持，需要发展一定的非市场组织。为了解决家庭承包经营的分散性、不经济性，更好地满足市场不断增长的农产品需求，需要在坚持家庭承包经营的基础上，通过大力发展农民专业合作经济组织，促进农业产业化经营，不断提高农户的组织化程度，提升农业各产业关联程度，使家庭经营与农业生产力发展与市场经济发展相适应。

第三，建立健全农业社会化服务体系。农业社会化服务体系是为农业生产提供社会化服务的组织机构和制度的总称。发展和完善农业社会化服务体系可以促进小生产与大市场的有效连接，引导农户抱团走向市场，改变农户分散生产、孤立销售的现状。同时社会化服务体系的完善也能够很好地解决农户在农业各环节及生产经营中的诸多限制。农业社会化服务体系涵盖农民合作社、龙头企业、农民技术经济协会、政府农技推广机构、各类咨询服务机构、金融保险机构。建立健全农业社会化服务体系，有利于打破农户和农业部门本身限制，从外部获取更多的信息、物质、能量，提高农业竞争能力；有利于克服农业技术落后的现状，减少流通环节，促进农产品标准化、规模化、多样化、品牌化发展。

第四，大力发展家庭农场。家庭农场是指以家庭成员为主要劳动力，从事农业规模化、集约化、商品化生产经营，并以农业收入为家庭主要收入的新型农业经营主体。家庭农场具有一定规模，区别于小农户；家庭农场以家庭劳动力为主，区别于工商资本农场的雇工农业；家庭农场具有相对稳定性，区别于兼业农业和各种承包的短期行为；家庭农场需要工商注册，是农业企业的一种形式，家庭农场的经营活动有完整的财务收支记录，区别于小农户和承包大户。

第五，鼓励工商资本积极参与现代农业发展。规范、引导、鼓励工商资本投资农业，重点发展适合企业化经营的农产品加工、流通领域的二、三产业，以此带动农业生产发展，带领农民增收致富。

第二节　农业合作经济组织

合作经济是社会经济发展到一定阶段，劳动者自愿联合、民主管理、获取服务和利益的合作成员个人所有和合作成员共同所有相结合的经济形式。合作经济组织就是体现这种合作经济关系的典型组织形式。当前，积极发展农村合作经济组织，既是完善社会主义市场经济体制的客观需要，更是社会主义新农村生产发展的重要内容。

一、农业合作经济组织概述

（一）农业合作经济组织的内涵

农业合作经济组织是指农民特别是以家庭经营为主的农业小生产者为了维护和改善自己的生产以及生活条件，在自愿互助和平等互利基础上发展起来的，实行自主经营、民主管理、共负盈亏的从事特定经济活动的农业经济组织形式。其本质特征是劳动者在经济上的联合。

农业合作经济组织一般具有以下特征：①农业合作经济组织是具有独立财产所有权的农民自愿联合的组织，农民有加入或退出的自由，对合作组织承担无限或有限责任；②农业合作经济组织成员是平等互利的关系，组织内部实行民主管理，组织的发展方针和重大事项由成员集体参与决定；③农业合作经济组织是为其成员利益服务的组织，维护组织成员的利益是组织存在的主要目的；④农业合作经济组织是具有独立财产的经济实体，实行合作占有、实行合作积累制，盈余可采取灵活多样的分配方式。

只有符合以上规定的经济组织才是比较规范的农业合作经济组织。农业合作经济组织是独立经营的企业组织，不是政治组织、文化组织、社会组织或者群众组织；是实行自负盈亏、独立经济核算的经济组织，凡是不以营利为目的、无经营内容、不实行严格经济核算的组织都不是农业合作经济组织。

（二）农业合作经济组织的特征

1. 合作目标具有服务性与营利性相结合的双重性

农业合作组织既要向各个成员提供生产经营服务，又要最大限度地追求利润，存在着互利和互竞关系。合作经济组织是为适应生产经营规模化、生产经营风险最小化、劳动生产率提高而组建的，必须为各个成员提供各方面服务，因此与其成员的经济往来，不以追求利润最大化为目标。但是当它与外部发生经济往来时，就必须通过追求利润最大化谋求生存，也只有如此，才能更好地为其成员提供优质服务。

2. 合作经营结构具有统一经营与分散经营相结合的双层次性

农业合作经济组织是在以家庭经营为基本生产经营单位的前提下，对适宜于合作经营的生产、加工、储藏、销售、营销、服务等环节由合作组织统一安排、统一经营，其他环节保持家庭经营的私立性。合作经济组织构筑在家庭经营之上，并为其提高效益服务。

3. 自愿结合与民主协商的有效组合

合作经济组织建立在农民自愿基础之上，是农民的自主选择，能够最大限度地发挥成员的积极性、责任感和生产热情，保证合作经济组织旺盛的生命力。同时在生产经营过程中，通过民主协商制定系列规章和决策，并产生相应的法律效力，保证了合作经济组织强大的凝聚力和发展的推动力。

（三）农业合作经济组织作用与功能

1. 发挥协作优势降低农民的交易费用

市场经济条件下，农户在参与经济活动的过程中，要发生各种各样的费用，比如市场信息费用、价格搜寻费用、购买各种生产服务的费用、形成交易的谈判费用，等等。由于农户商品交易量小，交易相对分散，所以单位产品的交易成本相对较高。合作经济组织可将农户少量的剩余农产品和有限需求集中起来形成较大批量的交易，有利于农产品争取有利的交易条件，从而降低交易费用。农业合作经济组织的壮大还有利于减少交易中的不确定性，从而避免交易风险。

2. 提高农户在市场交易谈判中的地位和竞争力

农户参与市场经济需要公平竞争。市场主体竞争能力的强弱是与组织化程度成正相关的。农业合作经济组织作为一个比较强势的整体参与市场交易时，可增加农户在产品市场和要素市场讨价还价的能力，提高农户的地位，有效地抵御来自各方面对农户利益的不合理侵蚀，形成农户利益的自我保护机制。农业合作经济组织增强了广大农民的谈判意识，有效地遏止了侵害农民合法权益的各种机会主义倾向，提高了农民的竞争能力，并为实现政府对农民直接补贴提供了载体。

3. 可以获得政府质量较高的服务

分散的单个农户在政府这个理性的政治实体面前往往束手无策和无足轻重，他们要想挤进政府决策的谈判圈、独立自主地与社会其他利益集团进行平等的讨价还价非常困难。农户加入农业合作经济组织并随着其规模的扩大，可以形成一个强势集团，从而有可能挤进政府的决策圈。政府在制定和选择政策时，就有可能考虑农业合作组织的利益。

4. 有效地减少或避免各种农业经营风险

随着农业市场化趋向改革的不断深化，分散的农业生产单位和大市场之间的矛盾逐渐突出，单个的小生产很难抵御自然风险和市场风险，往往导致农业再生产的中断，经常出现一哄而上又一哄而下的局面，使农业生产发生大起大伏的周期性变动，给国民经济也给农民自身带来了损失。建立农业合作经济组织，可以改变单个农户经营规模小、信息不对称、自身素质低、谈判地位差的局面，发挥合作优势，大大降低盲目性，从而规避和抵御风险。通过合作抵御自然灾害、突发事件等对农业生产者、经营者造成的重大损失。同时农村合作经济组织能有效地提高技术普及的广度和深度，最大限度地发挥新技术所具有的增产增效潜力，有效地化解各种自然风险和市场风险对农业生产的侵蚀。

5. 实现土地规模经营

土地制度是与家庭承包制相联系的农业经营制度的核心问题，土地"均分制"带来的土地细碎化问题非常严重。实现土地规模经营，就必须适当合并地块，但这不是单个农户的独立行动可以奏效的，需要由农业合作经济组织来进行组织和协调。

（四）农业合作经济组织运行的基本原则

判断一个经济组织是不是合作经济组织，关键看它是否遵循合作经济组织运行的基本原则。19世纪40年代，为了应对零售商的盘剥，英国罗虚代尔镇28名纺织工人组建了"罗虚代尔公平先锋社"，标志着世界上第一个合作社的诞生。并提出了著名的"罗虚代尔合作原则"，该合作原则也成为后来公认的合作原则的蓝本。参照罗虚代尔原则，国际合作社联盟20世纪90年代中期提出了作为全球合作运动指南的六条原则。在纪念国际合作社成立100周年大会上，重新修订了合作社原则。国际合作联盟修订后的合作经济组织的运行原则包括七条。

1. 自愿和开放会员制原则

合作社是自愿性的组织，任何人只要能从合作社的服务中获益并且能够履行社员义务、承担社员责任都可入社，无任何人为的限制。

2. 民主管理和会员控制原则

合作社是社员管理的民主组织，其方针政策和重大事项由社员参与决策。管理人员由社员选举产生或以社员同意的方式指派，并对社员负责。基层合作社社员享有平等的投票权，其他层次合作社也要实行民主管理。

3. 社员经济参与原则

社员要公平入股，民主管理合作社资金。股金只能获分红，股利受严格限制，不能超过市场通行的普通利率。合作社盈余可用于合作社发展、公共服务事业，或按社员与合作社交易额的比例在社员中分配。

4. 教育、培训与信息原则

所有合作社都应向社员、雇员及一般公众进行教育，使他们了解合作社在经济、民主方面的原则和活动方式，更好地推动合作社发展。

5. 自主与自立原则

合作社是社员管理的自主、自助组织，若与其他组织达成协议，或从其他渠道募集资金时，必须保证社员的民主管理，保持合作社的自立性。

6. 合作社之间的合作原则

为更好地为社员和社区利益服务，所有合作社都须以各种切实可行的方式与地方性的、全国性的或者国际性的合作社组织加强合作，促进合作社发展。

7. 关注社区原则

合作社在满足社员需求的前提下，有责任保护和促进社区经济、社会、文化教育、环境等方面的可持续发展。

（五）农业合作经济组织的类型

农业合作经济组织从不同的角度可以进行不同的分类。

1. 按照合作的领域

农业合作经济组织可分为生产合作、流通合作、信用合作、其他合作。生产合作，包括农业生产全过程的合作、农业生产过程某些环节的合作、农产品加工的合作等。流通合作，包括农业生产资料、农民生活资料的供应、农产品的购销运存等方面的合作。信用合作，是农民为解决农业生产和流通中的资金需要而成立的合作组织，如农村资金互助社。其他合作，如消费合作社、合作医疗等。

2. 按照合作组织成员来源

农业合作经济组织可分为社区性合作、专业性合作。社区性合作，是以农村社区为单位组织的合作，如现阶段的村级合作经济组织。社区性合作经济组织通常与农村行政社区结合在一起，因此既是农民的经济组织，也是社区农民政治上的自治组织，成为联结政府与农民、农户与社区外其他经济合作组织的桥梁和纽带。专业性合作，一般是专业生产方向相同的农户联合组建专业协会、专业合作社等，以解决农业生产中的技术、农业生产资料供应、农产品销售等问题。该类合作可以跨地区合作，成员也可加入不同的合作组织。

3. 按照合作组织的产权结构

农业合作经济组织可以分为传统合作和股份合作。传统合作，是按照传统的合作制原则组织起来的合作经济组织，实行一员一票、民主管理，盈余分配按照合作社与社员的交易量确定。股份合作，是农民以土地、资金、劳动等生产要素入股联合组建的合作经济组织。股份合作经济组织是劳动联合与物质要素联合的结合体，不受单位、地区、行业、所有制等限制，因此具有很大的包容性。组织管理实行股份制与合作制的双重运行机制结合，分配上实行按交易量分配与按股分红相结合。

二、农民合作社

自 19 世纪 40 年代初期，英国的"罗虚代尔公平先锋社"成立至今，合作经济组织已经走过了 150 多年的历史。农业合作社作为农业合作经济的主要组织形式，在当代农业和农村经济发展中发挥了重要的作用。

为支持、引导、规范农民专业合作社的组织、行为、发展，保护农民专业合作社及其成员的合法权益，促进农村和农业经济的发展，21 世纪初通过了《中华人民共和国农民专业合作社法》，明确了农民专业合作社的性质、原则、设立登记、成员资格、组织机构、财务管理、法律责任、扶持政策等等，为我国农民专业合作社的发展提供了法律保障。

（一）农民合作社的概念

《中华人民共和国农民专业合作社法》中明确指出，农民合作社是指在农村家庭承包经营基础上，同类农产品的生产经营者或者同类农产品的生产经营服务提供者、利用者，自愿结合、民主管理的互助性经济组织。农民合作社以其成员为主要服务对象，提供农业生产资料的购买、农产品的销售、加工、储藏、运输以及与农业生产经营相关的技术、信息等服务。

由此可见我国农民合作社具有以下特征。

1. 农民合作社是以农民为主体的专业性合作经济组织

法律规定，农民合作社成员以农民为主体，农民成员不得少于 80%，从事与农民合作社业务直接相关的生产经营活动的企业、事业单位或者社会团体可依法申请自愿加入，但是具有管理公共事务职能的单位不得加入。法律还规定，只有同类农产品的生产者或者同类农业生产经营服务的提供者、利用者，才能按比例依法自愿申请加入。

2. 自愿联合、民主参与的自治性合作经济组织

农民合作社为成员提供民主、平等、公平、自助参与组织管理的机会，是社员民主选举、民主决策、民主管理、民主监督的组织，所有重大方针、重大事项都必须由成员共同参与制定，成员享有平等的选举权，任何单位、个人不得干预合作社内部事务，不得侵犯合作社及其成员权益。县级以上人民政府的农业行政主管部门和其他有关部门及组织，只能依法对合作社建设发展给予指导、扶持和服务。

3. 合作互助的对内服务性合作经济组织

《农民专业合作社法》明确规定，农民合作社以其成员为主要服务对象，提供农业生产资料的购买和农产品的销售、加工、运输、储存以及与农业生产经营有关的技术、信息等服务；农民合作社必须以服务成员为宗旨，谋求全体成员的共同利益。所有这些法律规定都充分说明了农民专业合作社不同于其他组织的典型特征是对内服务性，农民合作社在互助的基础上为成员提供服务，谋求全体成员共同利益，不同于股份制企业，同时又是为成员之间相互合作、相互补充、相互服务提供媒介的互助性合作经济组织。

4. 对外追求利润最大化、对内强调非营利性的合作经济组织

农民合作社是劳动者的联合，区别于资本联合为主的普通企业。法律规定，农民专业合作社依法律登记取得法人资格，对成员出资、公积金、国家财政直接补助、他人捐赠以及其他合法取得的资产所形成的财产，享有占有、使用和处分的权利，并以上述财产对债务承担责任，成员以其账户内记载的出资额和所享有的公积金份额为限承担责任。农民合作社经营所得盈余要按照成员与合作社的交易量（额）比例返还给成员。因此，农民合作社作为独立的企业对外要谋求利润最大化，作为合作经济组织对内以服务成员为宗旨。

（二）农民合作社组建原则

组建农民专业合作社应遵循以下原则。

1. 成员以农民为主体

有五名以上符合规定的成员，即具有民事行为能力的公民，以及从事与农民合作社业务直接有关的生产经营活动的企业、事业单位或者社会团体，能够利用农民专业合作社提供的服务，承认并遵守农民专业合作社章程，履行章程规定的入社手续的，可以成为农民合作社的成员。但是，具有管理公共事务职能的单位不得加入农民专业合作社。农民合作社的成员中，农民至少应当占成员总数的80%。成员总数20人以下的，可以有一个企业、事业单位或者社会团体成员；成员总数超过20人的，企业、事业单位和社会团体成员不

得超过成员总数的 5%。

2. 成员地位平等，民主管理

农民专业合作社是全体成员的合作社，成员依法享有表决权、选举权和被选举权，并按照章程规定对合作社实行民主管理。

3. 盈余主要按照成员与合作社的交易量比例返还

农民专业合作社可以按照章程规定或者成员大会决议从当年盈余中提取公积金，公积金用于弥补亏损、扩大生产经营或者转为成员出资，每年提取的公积金按照章程规定量化为每个成员的份额。弥补亏损、提取公积金之后的当年盈余，为农民专业合作社的可分配盈余。可分配盈余按照成员与本社的交易量（额）比例返还，返还总额不得低于可分配盈余的 60%；按前项规定返还后的剩余部分，以成员账户中记载的出资额和公积金份额，以及本社接受国家财政直接补助和他人捐赠形成的财产平均量化到成员的份额，按比例分配给本社成员。

（三）农民合作社设立程序

1. 发起筹备

成立筹备委员会，制订筹备工作方案。由发起人拟定社名，确定业务范围。准备发起申请书。

2. 制定合作社章程

章程应载明：合作社名称和住所；业务范围；成员资格及入社、退社和除名；成员的权利和义务；组织机构及其产生办法、职权、任期、议事规则；成员的出资方式、出资额；财务管理和盈余分配、亏损处理；章程修改程序；解散事由和清算办法；公告事项及发布方式；需要规定的其他事项。

3. 推荐理事会、监事会候选人名单

依托有关部门和社会力量创建的合作社，应吸纳足够数量的农民成员参加理事会和监事会。

4. 召开全体设立人大会

呈请当地合作组织主管部门派员出席指导，通知会员参加成立大会。

5. 组建工作机制

召开工作会议，成立合作社办事机构；聘任办事机构业务部门负责人；召开业务会议，布置开展合作社业务工作。

（四）农民合作社的发展

实践证明，农民专业合作社是增加农民收入、促进规模经营、提高农民组织化程度、推动地方经济发展的重要载体。加强农民专业合作社的发展，应从以下几方面做好相关工作。

1. 加强农民合作社发展的宣传工作

在政府相关部门、农民、涉农企业进行全面宣传，让其洞悉农民专业的组织管理制度、民主议事决策制度、财务制度、盈余分配制度。各级主管部门要为合作社的设立登记提供方便。同时让合作社成员了解国家相关扶持政策和政府责任，并积极落实相关项目扶持、财政补助、金融支持、税收优惠政策，促进农民专业合作社快速规范发展。

2. 积极开展对农民合作社的帮扶工作

继续加大财政对农民合作社的扶持力度。加强项目立项扶持。积极开展农民专业合作社会计培训辅导工作。持续开展新型职业农民、社长、种养殖大户、经纪人、农业技术推广人员的培训，增强农民专业合作社的经营服务能力。

3. 规范内部管理，提高农民专业合作社管理水平

规范合作社成员身份认定、数量、结构、出资、退社及权利享有，保障成员合法权益。规范章程及议事制度、监事制度，规范财务管理制度、社务公开制度，规范公积金的提取和使用，完善利益分配机制，建立有效的内部激励机制，不断提高农民合作社的决策效率，促进生产专业化，提高市场竞争能力。

4. 拓展农民专业合作社服务能力

合作社能够减少农产品交易的不确定性，有助于减少农产品和农业专有资产的损失，有助于节省交易成本，能够发挥协作优势，为农户提供最直接、最具体的服务。正是它的载体和服务功能，使得农民专业合作社成为农业社会化服务体系中不可取代的重要组成部分。农民合作社只有不断提高服务能力，才能吸引更多的农户自愿加入，农户强烈的愿望是农民专业合作社发展的根本动力。

三、农民股份合作组织

（一）农民股份合作社的概念

农民股份合作社是以农民为主体，把依法属于农村集体经济组织的经营性资产，主要包括耕地、林地、水体、农田水利设施、生产性道路、现金、村或居民小组创办的企业或

与其他企业合作、合资形成的股权等资产，通过清产核资，量化到集体经济组织成员个人，在此基础上，按照现代企业制度的要求，组建起自主经营、自负盈亏、利益共享、风险共担的法人经济实体。它既不同于农民专业合作社，也不同于股份制企业。

（二）农民股份合作社的基本特征

1. 成员坚持以农民为主体

农民股份合作社与农民专业合作社一样，坚持以农民为主体，原则上农民成员应当占成员总数的 80%，这是农民股份合作社与股份制企业的一个根本区别。合作社以普通农户为主体，种养大户为重点，一些保留农村承包地的农民和在农业领域创业兴业的城镇下岗职工、大学毕业生也可以加入农村新型股份合作社。

2. 探索处理多种要素合作与劳动合作关系，实现股金保值增值

农民可以土地入股形式加入合作社，进而盘活土地资源，还可以劳务收入、资金、技术、设施设备、生物资产等多种要素作为股份。农民发展股份合作社的目的不同于发展专业合作社；农民发展专业合作社，是为了利用合作社为成员提供服务，这是农民专业合作社的基本功能；农民发展股份合作社，是为了分享股金红利，让成员股金实现保值增值应该是农民股份合作社的基本功能。

3. 管理实行一股一票制

农民专业合作社是人的联合，成员地位平等，实行一人一票，民主管理。农民股份合作社既是人的联合，更是资本的联合，在管理方式上应该像股份制公司一样，实行一股一票。

4. 盈利按股分红

农民股份合作社分配办法不同于农民专业合作社，农民专业合作社盈利主要按成员与合作社的交易量（额）比例返还。农民股份合作社的盈利则应全部实行按股分红。

5. 实现了合作领域的新突破

农民股份合作社不局限于种植、养殖等农业主导产业和特色产业，还发展了一批乡村旅游、劳务等合作社。农民股份合作社是社员自愿选择的结果，多数发起人具有企业家人才特质并积累了较多的资金、销售渠道资源，受利益驱使而牵头领办合作社，为了更多地获取合作社经营的盈余，他们愿意以缴纳股份的方式组织合作社，利用资金优势获得更多的剩余分配权，同时股份化的制度安排能够实现发起人企业家人力资本的资本化。普通社员在衡量成本收益后也愿意加入股份化合作社，以更多地降低风险、节约成本、提高收益水平。

（三）农民股份合作社的表现形式

1. 农地股份合作社

农民以土地承包经营权和资金入股设立农地股份合作社，分享农业适度规模经营效益。农地股份合作社又分为两种形式，一种是内股外租型的农地股份合作社，即农民以土地承包经营权入股，成立农地股份合作社，将承包地集中流转起来，统一对外发包给他人经营。另一种是经营实体型的农地股份合作社。即农民以土地承包经营权入股，专业大户以资金入股，共同组建农地股份合作社，直接从事高效农业项目，对农户入股的土地实行保底分红。

2. 社区股份合作社

农村集体经济组织成员以其量化到其名下的集体经营性净资产的份额入股，设立社区股份合作社。

3. 富民股份合作社

以农民投资入股为主，村集体参股，设立富民股份合作社，建造房产，从事物业经营活动，让农民分享二、三产业经营收益，带动更多农民增收致富。

第三节　农业产业化经营

一、农业产业化经营概述

（一）农业产业化概念

狭义地理解，农业产业化即"农业产业系列化"，是指一个农产品升格为一个系列，使农业成为包含生产加工、流通在内的完整的产业系列。广义来看，农业产业化应当把农业和其他关联产业看成一个有机整体，是农业产前、产中、产后三个领域全部内容的总和。不仅包括第一产业，而且包括与之关联的第二、第三产业。

因此，农业产业化的内涵是指农业与其他相关产业，在专业化生产的基础上，以市场为导向，以效益为中心，以利益为纽带，以农户经营为基础，以龙头企业为依托，以系列化服务为手段，实行种养、产供销、农工商一体化经营，将农业再生产的生产全过程的诸环节联结为一个完整的产业系统，由多方参与主体自愿结成经济利益共同体的农业经营方式。其中，支柱产业是农业产业化的基础，骨干企业是农业产业化的关键，商品基地是农业产业化的依托。

（二）农业产业化特点

农业产业化经营是农业由传统生产部门转变为现代产业的历史演变中，通过不断地自我积累、自我调节、自主发展所形成的市场农业基本运行机制，是引导分散的农户小生产转变为社会大生产的组织形式。与传统的农业经营方式相比，农业产业化具有以下特征。

1. 生产专业化

实施农业产业化经营，就要围绕主导产品或支柱产业进行专业化生产，把农业生产的产前、产中、产后作为一个系统来运行，形成种养加、产供销一体化的专业化生产体系，实现农产品的生产和各个生产环节的专业化，使每种农产品都体现为初级产品、中间产品、最终产品的制作过程，并以品牌商品的形式进入市场。这是农业产业化经营的基本特征。

2. 布局区域化

按照区域比较优势原则，突破行政区划界限，确立主导产业，形成有特色的专业化区域，高标准地建设农产品生产基地，使分散的农户形成区域生产规模化，充分发挥区域内资源比较优势，实现资源要素的优化配置。布局区域化促进了地域产业结构优势的发挥，实现了广泛地域上的产品优势和市场优势，形成产业带、产业圈，不但提高了农业产业的经济效益，而且推动了工业化、城镇化、现代化的发展。

3. 经营一体化

农业产业化围绕某一主导产品或主导产业，将各生产经营环节连接成完整的产业链条，实行农工商一体化、产供销一条龙的综合经营。它通过多种形式的联合与合作，将农产品的生产、加工、运输、销售等相互衔接，形成市场牵龙头、龙头带基地、基地联结农户的一体化经营体制，实现了农业产业链各环节之间的良性循环，避免了市场交易的不确定性，降低了交易成本，使外部经营内部化，提高了农业组织的经营效益。

4. 服务社会化

服务社会化是指通过一体化组织和各种中介组织，对一体化内各参与主体提供产前、产中、产后的技术、资金、信息、农资、销售、经营管理、人才培训等全程的全方位服务，实现资源共享、优势互补、联动发展，促进农业向专业化、商品化、现代化发展。

5. 管理企业化

通过公司+合作社+农户的联结，采用合同契约制度、参股分红制度等利益联结机制，把各个参与主体构成一体化经济利益共同体，参照管理工业企业的办法经营和管理农业，建立统一核算和风险共担的收入分配机制，实行企业化运营，促进科技成果的扩散和采用，引导农户分散的生产及产品逐步走向规范化和标准化，解决分散生产与集中销售、小生产与大市场的矛盾，实现农业生产的规模化、区域化、专业化，从根本上促进传统农业向设施农业、工厂化农业的转变。

二、农业产业化经营的组织形式

（一）龙头企业带动型（公司+基地+农户）

龙头企业带动型是产业化经营最基本的组织形式。它以农产品加工、运销企业为龙头，重点围绕一种或几种农产品的生产、加工和销售，与生产基地和农户通过契约关系建立起相对稳定的经济联系，进行一体化经营，形成风险共担、利益共享的专业化、商品化、规范化的经济共同体。通过龙头企业联基地、基地联农户，强化农业资源开发，积极发展农副产品加工，统一销售农产品，实现专业协作。

联结方式包括合同订购、保护价收购、建立服务体系、利润返还、提供风险保障、反租倒包、互相参股等。

实际运作中，又有两种具体的做法：一种是龙头企业直接与基地农户联结，农户为龙头企业提供原料性农产品；另一种是生产基地中的农户通过组建专业合作社作为中介，联结龙头企业和农户，合作社组织社员进行生产，并集中农产品交售给龙头企业。

（二）市场带动型（专业市场+农户）

该形式以通过培育和发挥专业市场的枢纽作用，以农产品专业市场和交易中心为依托，不断拓宽商品流通渠道，上联专业生产基地和农户，下接消费者和客户，为当地及周边地区农产品区域专业化生产提供信息，带动区域专业化生产，形成区域专业化优势，带动生产、加工、销售产业链的发展和完善，节省各个市场主体的交易成本，提高整个产业链条的运营效率和经济效益。这种组织形式主要适用于不必进行深加工、只进行初级分类整理即可出售的新鲜蔬菜、瓜果等农产品，联结方式通过签订农副产品购销合同予以实现。

（三）合作经济组织带动型

该组织形式通过发挥合作社或农业协会等合作经济组织的作用，为农民提供产前、产中、产后等多种服务，对外统一经营，对内无偿或低偿服务，以解决农民分散生产与大市场之间的矛盾。农民通过专业组织集体进入市场，形成规模生产，农户按照合作组织的要求专于农产品生产，提高了农户规模效益，保障了农户最大化的得到整个产业链的利益。

（四）中介组织带动型（农产联+组织+农户）

该组织形式在农民自愿的基础上，以各类中介组织为依托，以产前、产中、产后诸环节的服务为纽带，实行跨区域联合经营和生产要素大跨度优化组合，形成市场竞争力强、生产、加工、销售一体化的企业集团。中介组织带动型组织是有利于信息沟通，有利于协调各种关系，有利于合作开发。其联结方式表现为政府推动下的松散性组织。

该类型的特点是民办民营、跨区联合、服务连接、互惠发展。

（五）主导产业带动型（主导产业+农户）

主导产业能够对其他产业和整个经济发展产生较强劲的推动作用。该类型根据市场需求，充分利用当地资源，通过发展优势或特色农产品生产经营，形成区域性主导产业和拳头产品，发挥集聚效应，扩大经营规模，提高生产档次，组织产业群、产业链，围绕主导产业发展产加销一体化经营，带动当地经济的发展。

该类型的特点是主导产业上联市场，下接农户，将农产品的生产者、加工者、供销者紧密结合为一个"风险共担、利益共享"的共同体。

三、农业产业化经营的基本要素

（一）龙头企业

龙头企业依托主导产业和生产基地建立的资金雄厚、规模较大、辐射带动作用较强的农产品生产、加工、流通企业。龙头企业一般建设起点高，技术水平和经营管理水平高，产品质量科技含量高，附加价值高，经济、生态、社会效益高。设备工艺技术产品新。

（二）主导产业

指一个地区在一定时期内产业体系中技术较先进、生产规模大、商品率高、经济效益显著、在产业结构中占有较大比重，对其他产业发展有较强带动作用的产业。

（三）生产基地

专业化、商品化的生产基地是龙头企业的依托，是农户与企业联结的纽带。在农户分散、专业化水平较低时发挥基础作用。

（四）利益分配机制

指龙头企业和农户之间的利益分配关系，基本原则是风险共担、利益共享，基本类型有资源整合型、利润返还型、价格保护型、市场交易型。资源整合型主要表现为相关农业企业集团以各种形式与农户结成利益共同体，带动农户进入市场，使农产品生产、加工、销售有机结合，相互促进。农户以土地、劳力、资金、设备和技术等要素参股，拥有股份，参与经营管理。企业和农户通过契约约定交易数量、质量、价格、分红模式。利润返还型是农业企业和农户签订合同，确定所提供农产品数量、质量、价格，约定返还标准，按照所提供农产品数量返还一部分利润，该类型能充分调动农户积极性，农户可以分享农产品加工、流通环节的利润。价格保护型是指企业与农户通过签订购销合同，对农产品采取保护价收购，建立双方稳定的联系，当市场价格低于保护价时，企业按照合同保护价收购。该方式解决了农户销售的后顾之忧，保护了农户生产积极性，保证了企业原料供应的稳定性，双方利益都得到了很好的保障。市场交易型是指企业与农户不签订合同，农产品按照市场价格进行收购，自由买卖。该类型双方没有任何经济联系和经济约束，农户比较容易缺乏积极性。

▶ 第三章　农业经营方式和经营决策

第一节　农业经营方式

一、农业经营方式的概念

农业经营方式是指在一定的经济形式下，微观农业经济主体为组织农业生产经营活动而采取的农业生产要素组合、经济运行和经营管理的具体形式。农业经营方式是与一定农业技术发展水平、经营管理水平相适应的农业生产经营的具体组织形式。它涉及的问题包括：劳动的组织方式，劳动者与生产资料结合的方式，农业生产要素的协调方式，以及农业生产经营过程中的经济权力、经济责任和经济利益三者之间的结合状况等。经济形式是经营方式的基础，一定的经济形式必然有一定的农业经营方式与此相适应，以保证特定经营目标的实现。但农业经济形式对农业经营方式的要求并不是固定不变的，农业生产力的发展水平不同，农业经营方式也会有所不同。现阶段，我国农业中存在多种经济形式，自然就存在多种经营方式。

二、农业经营方式确立的依据

（一）农业生产力发展水平

从人类历史发展的进程看，农业生产力不同的发展阶段及其性质，对于农业经营方式的确立有着直接的作用，农业经营方式必须与农业生产力的发展水平相适应，由于现阶段我国农业生产力的发展不仅总体水平低而且各地不平衡，因此，客观上决定了多种农业经营方式并存。

（二）农业生产的特点

农业生产是自然再生产和经济再生产交织在一起进行的，以活的生物有机体为生产对象的特殊生产部门。农业生产对象都有自身的生长发育规律，都需要有一定的外界环境条件，而人们的生产劳动过程又是在动植物循环往复、周而复始的滋生繁衍过程中进行的。科学技术还不能完全按人的意志支配生产环境条件之前，在影响生物生长发育的不确定因素又很多的情况下，要求劳动者在生产劳动以及经营管理上具有高度的责任感和随机灵活性。同时由于农业生产最终成果的大小除受自然环境因素的影响外，与农业劳动者在其每一个生长发育阶段是否精心管理和照料关系极大，单一的、较大规模的农业经营方式加大了农业经营决策者与直接劳动者之间的直线管理距离，失去解决农业中不确定性决策问题的时效性，必然导致农业劳动生产率和土地生产率的降低。因此，客观上需要农业生产采用多种经营方式。

（三）农业生产资料产权的组合方式

在农业生产中，农民采用什么样的经营方式，不仅取决于农业生产的特点、社会生产力的发展状况，而且还取决于农业生产资料所有权和使用权的组合方式。人民公社化时期的集体统一经营是建立在农村土地所有权和使用权高度统一前提下的，而农村家庭承包经营则是建立在农村地域性合作经济组织内部的土地所有权和使用权相分离的条件下的。所以，一定的经济形式决定着与此相适应的经营方式。

三、农业经营方式的基本类型

20 世纪 70 年代末期以前，我国农业的经济形式和经营方式单一，管理效率低下，平均主义盛行，农业和农村经济缺乏活力。随着农业经济体制改革的不断深入，我国农业已逐渐形成了以公有制经济为主体，多种经济成分、多种组织形式和经营方式并存的格局，从而基本上适应了我国农村生产力发展不平衡、各地区自然条件和专业化、社会化程度不同的实际情况。现阶段我国农业经营方式的主要类型有以下几种。

（一）集体统一经营

集体统一经营是指集体所有制农业企业对本单位的生产经营活动进行直接经营管理的方式。这种经营方式的所有权和经营权相统一，所有者就是经营者，所有者直接运用所拥有的生产资料进行农业生产经营活动。

（二）承包经营

承包经营是在坚持生产资料所有制不变的基础上，按照所有权和经营权相分离的原则，通过签订合同，明确双方的责权利关系，发包方把自己所占有的一部分的资产经营权按约定的条件转让给承包方，承包方对所承包经营的资产安全负责，进行自主经营、自负盈亏的经营方式。实行承包经营责任制，必须由承包方同发包方根据平等、自愿、协商的原则，签订承包合同。在签订承包合同时明确规定承包形式、承包期限、各项承包指标、利润分配形式、债权债务的处理、合同双方的权利和义务、违约责任等。实行承包经营，将所有权和经营权分离开来，有利于强化竞争机制、风险机制和自我约束机制，调动生产经营者的积极性、挖掘潜力，提高经济效益。

（三）统分结合的双层经营

所谓双层经营体制，是指我国农村实行联产承包制以后形成的家庭分散经营和集体统一经营相结合的经营形式。农村双层经营体制将农村经济组织分为两个层次：一层为集体经济组织的统一经营；另一层为家庭分散经营，两层之间通过承包的方式联系起来。

按照这一经营形式，集体经济组织在实行联产承包、生产经营，建立家庭承包经营这个层次的同时，还对一些不适合农户承包经营或农户不愿承包经营的生产项目和经济活动，诸如某些大型农机具的管理使用，大规模的农田基本建设活动，植保、防疫、制种、配种以及各种产前、产后的农业社会化服务，某些农副业生产等，由集体统一经营和统一管理，从而建立起一个统一经营层次。由于这种经营体制具有两个不同的经营层次，所以称为双层经营体制。

在我国广大农村，以家庭为单位实行分散经营，适应了现阶段农业生产力水平较低的状况，有利于克服长期存在的管理过分集中、经营方式过分单一以及吃"大锅饭"的弊端，有利于扩大农民的经营自主权，调动农民的积极性。但是，分散经营难以实现机械化耕作，抗御自然灾害能力较低，而集体经营能够完成一家一户难以承担的生产活动。分散经营与统一经营相结合的双层经营责任制可以恰当地协调集体利益与个人利益，并使集体统一经营和劳动者自主经营两个积极性同时得到发挥，取得更大的经济效益。

（四）租赁经营

租赁经营是指在坚持生产资料所有制不变的前提下，按照所有权和经营权分离的原则，出租方将企业资产租赁给承租方经营，承租方向出租方交付租金并对企业实行自主经营的一种经营方式。租赁经营是所有权和经营权分离的又一种经营方式，其内容不仅是企业中的固定资产，而且包括企业生产资料的占有、使用和收益权以及对职工的管理指挥权。承租者作为企业的经营者，享有对企业的经营管理权，并对企业的经营管理承担全部责任。承租者不仅要向出租者交纳租金，而且要承担上缴税收的义务。租赁经营使出租方与承租方的关系更加明确，权利与义务更加清楚，有利于实现生产要素的优化组合，能充分调动承租方的生产积极性。

（五）股份制经营

股份制经营是以资产入股的方式把分散的、分别属于多个所有者或占有者的经营要素集中起来，实行统一经营、统一管理，并对经营成果以货币形式按入股比例分红的一种经营方式。股份制经营两权分离程度高，能促进企业经营机制的全面完善，有利于发展横向经济联合，获得规模经济效益。

（六）个体经营

个体经营是在生产资料归个人所有的基础上，以劳动者个人（包括家庭成员）为主体，进行自主经营、自负盈亏的一种经营方式。

（七）雇工经营

雇工经营是指农户、个体户、独资企业、合伙企业以及其他私营或合作企业以合同形式招雇工人以从事生产活动的一种经营方式。雇工经营是经营体制改革的产物。

（八）集团化经营

集团化经营是在社会化大生产和商品经济发展到一定水平时，为实现多角化和国际化发展而形成的一种跨地域、跨所有制的大规模联合经营或经济联合。集团化经营的典型组织形式是企业集团。企业集团一般是以实力雄厚的企业为核心，以资产或契约为纽带，把众多企业联结在一起的法人联合体。

（九）国际化经营

国际化经营亦称跨国经营，是指农业企业为参与国际分工和交换而进行的经营活动。主要是指我国企业到国外投资办企业或到国外"租地种粮"，国际化经营是我国农村发展外向型经济的重要方式，也是我国农业企业参与国际市场竞争、克服国内需求约束的重要途径。近年来，我国发达地区的一些乡镇企业和农民开始走出国门，向海外投资搞资源开发，创办种植、养殖企业，取得了良好的经济效益。随着改革开放的深入和农村商品经济的发展，将会有更多的农民和乡镇企业加入农业国际化经营的行列。

第二节　农业生产经营决策概述

一、农业生产经营决策的概念与意义

（一）农业生产经营决策的概念

决策理论是 20 世纪 50 年代后，在西方经济发达国家首先产生和逐渐发展起来的。所谓决策，是指根据预定目标做出抉择行动，是一种行为选择。

农业生产经营决策是指农业企业通过对其外部环境和内部条件进行综合分析，确定企业经营目标，选择最优方案并组织实施的过程。在现代企业经营管理中，经营决策是经营管理的首要职能和核心内容，是提高企业管理水平和经济效益的关键。

一般来说，一个完整的农业生产经营决策必须具备以下几个因素：①决策者意欲达到的目标；②两个以上的互斥的备选方案（多个方案供选择，取最优方案）；③资源约束条件。

（二）农业生产经营决策的意义

1. 农业生产经营决策是农业企业经营管理的核心工作和基础工作

决策贯穿于企业经营管理过程的始终和管理工作的各个方面。从管理的四大职能方面来看，农业生产经营决策贯穿于计划、组织、领导、控制四个管理职能过程之中；从企业经营的业务活动方面看，农业生产经营决策则贯穿于采购活动、生产活动、营销活动、财务管理、人力资源管理等管理过程的始终。农业企业的管理活动总是涉及资源分配和利用的问题，也就有决策问题。没有正确的决策就没有择优的过程，也就不能做好农业企业的各项管理工作，不能科学地组织生产经营活动，势必会影响目标的实现。

2. 农业生产经营决策是农业经济管理活动成功的前提

决策是管理的重要内容，管理能否达到预期目标，关键是看各级管理人员决策是否正确。决策涉及农业企业管理的方方面面，比如发展方向、经营方针、资源配置，以及较为微观的生产活动、营销活动、财务活动等等。农业企业在一定生产条件下，如何配置稀缺资源，采用什么样的生产方式，产品卖到哪里，价格如何制定，技术研发方向，投资方向等都需要科学的决策。决策正确，企业经营管理水平就高，带来的绩效和价值就大；决策错误，就会造成经营失误，带来损失。因此，农业生产经营决策是农业经济管理活动成功的前提。

3. 经营决策是管理人员的主要职责

农业生产环节多，管理工作千头万绪，各级管理人员的决策工作内容不尽相同：高层管理人员主要解决的是全局性的以及与外部环境有关的重大问题，大部分属于战略决策；中层管理人员涉及的多是安排企业一定时期的生产经营任务，或者为了解决一些重要问题而采取的措施；基层管理人员主要解决作业中的问题，属于业务决策，如设备使用，任务安排等等。

4. 正确的决策有助于把握机会、规避风险

农业决策不仅面临自然环境带来的风险，还面临着市场风险。农业生产的商品化程度越高，农业经营者面临的市场风险就越大，决策的难度就越大。决策人员应通过科学决策，识别市场机会和威胁，认识自身的优势和劣势，合理地扬长避短，规避风险，避免盲目搞生产给企业带来的损失。

二、农业生产经营决策的基本原则

科学的农业生产经营决策是指在科学理论的指导下，结合农村经营实际，通过科学的方法所做的符合客观规律的决策。其基本原则有以下几点。

（一）预测原则

决策的正确与否，取决于对未来的后果所做的判断的正确程度。农业生产经营的结果具有滞后性，许多决策、改革和行动纲领的未来影响，在短期内不能看清楚，一旦发现问题需要加以修正时，为时已晚，造成农业生产损失。因此，应用未来学理论与方法，进行科学预测，为决策提供科学的依据，这是农业生产经营决策科学化的一个重要原则。

（二）可行性原则

决策必须可行，这是科学决策的又一个重要原则。要保证决策的可行性，就必须使决策符合农业生产经营客观规律的要求。可行性原则要求在决策中，不能只强调需要，而不考虑可能；也不能只片面地考虑有利因素和成功的机会，或片面地考虑不利的因素和失败的风险，必须两者兼顾；同时，还必须考虑各种未来的可能性对农业生产经营决策造成的影响，要克服盲目性、片面性和局限性，使决策建立在可靠、可行的基础上。

（三）系统原则

应用系统工程的理论与方法进行农业生产经营决策，是现代科学决策的特点。系统原则要求在农业生产经营决策中做到有整体思想、统筹兼顾、全面安排，以整体目标的最优化为准绳；每一个农业生产部门和单个农业项目的发展都要以服从整体农业生产目标为原则；强调系统中各部分、各层系、各项目之间的相互关系、先后关系、主次关系，达到系统完整、配套齐全、系统平衡构成最大的综合能力；建立反馈系统，实行动态平衡。

（四）对比择优原则

对比择优是从比较到决断的过程，是农业生产经营决策的关键步骤，它要求经过系统的分析和综合，提出种种不同的方案、途径和办法，然后用择优决策方法，从不同的方案中，选定最佳的方案，做出最后的决策。对比不仅要把各种不同的农业生产经营方案进行比较，更重要的是把各种方案同农业生产客观实际再做一次认真的比较，因事、因时、因地制宜，做出全面而科学的评价。要比较各种农业生产经营方案带来的影响和后果，考虑各种方案所需要的人力、物力、财力等各种必要条件，选择最优方案。择优决策过程，不但要运用现代的数学方法，还要运用社会学的方法，相互结合，权衡决策可能带来的各方面的社会后果。

（五）反馈原则

反馈原则是指用实践来检验农业生产经营决策所产生的行动后果，以便反馈之后加以调整，其目的是为了保持农业生产经营决策的科学性。环境和需要会经常变化，要求原先的决策要根据变化了的情况和实践反馈，做出相应的改变或调整，使决策更加合理和科学。

（六）集体决策原则

随着社会的发展和农业科学技术的进步，农业生产经营决策变得越来越复杂，个人或少数人已不能完全胜任。所以，实行集体决策或者智囊团决策，是决策科学化的重要组织保证。所谓集体决策，并不是简单的集体讨论，靠少数服从多数做出决定，而是依靠和利用智囊团来为决策者当助手、参谋、顾问，为农业生产经营决策服务。一般来说，根据农业生产经营决策任务的不同要求，把有关的农业科学家、工程技术人员和管理工作者（智囊团）组织起来，进行系统的调查研究，弄清农业生产历史和现状，积累数据，掌握资料，分析研究，通过平行协议、方案论证、科学预测、方向探索、综合研究、对比择优等环节，提出切实可行的农业生产经营方案，供决策者参考。这样的方案是集体智慧的结晶，有定量依据，有权衡比较，避免了片面性。

第三节 农业生产经营决策的程序及类型

一、农业生产经营决策的程序

科学的农业生产经营决策过程，大致可分为以下几个步骤。

（一）发现问题

农业生产经营决策的第一步就是发现问题。所谓问题，就是应有现象和实际现象之间出现的差距。"问题"可能是农业生产发展的某种障碍，也可能是发展前途的有利时机。所有决策工作的步骤，都是从发现问题开始的，农业生产经营者，应该善于发现问题，找出差距，并能确定问题的性质。对农业生产经营问题产生的背景、原因和条件都要认真地分析，力求做到准确。

（二）确定决策目标

确定农业生产经营目标是决策的前提。所谓农业生产经营目标是指在一定的农业生产经营环境条件下，在预测的基础上所希望达到的农业生产经营结果。决策目标应根据所要解决的农业生产经营问题来确定，因此必须把需要解决的问题的性质及其产生的原因分析清楚，才能确定农业生产经营目标。

决策目标所要解决的问题，就是差距。例如，我们要解决农产品质量低的问题，就要知道农产品质量现状和产品质量标准之间的差距。找到差距之后，还不能马上确定决策目标。因为这样的目标还很抽象，没有找到问题的根源。因为农产品质量低的原因有很多，如生产技术水平低、原料质量差、设备陈旧、管理不善等，必须找到导致农产品质量低的最根本原因，才能对症下药，制定出具体的决策目标。

（三）拟订可行方案

在农业生产经营目标确定之后，就要探索和拟订各种可能的农业生产经营方案。一般的做法是，拟订一定数量和质量的可行方案，供择优选择，才能得到最佳的决策。如果只拟订一个方案，没有比较和选择的余地，就无从判别方案的优劣。因此，拟订多种方案是农业生产经营决策的基础。多种方案拟订的要求是：一方面是详尽性，这就要求拟订全部备选方案，应当把所有的可行方案都囊括进来，如果拟订的全部方案中，漏掉了某些可行方案，最后选择的方案，有可能不是最优的；另一方面是排斥性，这就要求在各种备选方案之间，必须有原则性的区别，互相排斥。

（四）方案选优

在拟订农业生产经营方案工作完成以后，就要对这些方案进行比较评价，从各种可供选择的方案中，权衡利弊，选择其一。这是领导者的决策行动，是一项极其复杂的工作，它要求决策者具有较高的判断能力。首先，要正确处理农业技术专家与领导者的关系。现代决策必须有专家参与各项决策工作，但他们是在领导者的委托和指导下参与决策，绝不能代替领导决策。领导者永远是决策的主人，一个好的决策者，即要依靠专家，又不能为专家所左右，不能成为一个毫无主见的人。其次，当各种备选方案提出后，领导者要从战略的、系统的观点出发，既要考虑经营者的直接利益，又要考虑社会和消费者的利益；既要从大处着眼，又要从小处着手，并且要运用科学的方法，做好方案的选择工作。

（五）典型试验

农业生产经营方案选定后，必须进行典型试验，以验证农业生产经营方案的可靠性。典型试验也称为"试点"，必须坚持求真、务实，科学地展开实践，这样才能产生实际的效果。试点必须在全局中具有典型性，并严格按照所决策的方案实施。这样，如果试点成功，即可转入全面实施。否则，还必须反馈回去，进行农业生产经营决策修正。

（六）普遍实施

通过上一阶段的试验，如果确实可靠，即进入农业生产经营决策实施阶段。就是把农业生产经营决策目标落实到每一个执行单位，明确各自的责任，并及时掌握执行过程中的具体情况。

（七）追踪控制

在农业生产经营决策付诸执行以后，在执行过程中可能会发生这样那样的与目标偏离的情况，因此，必须注意跟踪检查。如果偏离了原定的目标，就应及时反馈并进行控制，不断修正方案，以便实现原定的农业生产经营目标。如果有的农业生产经营方案几经修订，仍达不到预期的结果，就要对决策本身进行分析，发现问题，及时改正，重新进行追踪决策。追踪决策是指原有决策因主、客观情况发生重大变化所引起的决策，是农业生产经营科学决策过程中的正常现象。

二、农业生产经营决策的类型

农业生产经营决策的方法根据未来事件发生概率的明确与否，可分为不确定型决策、风险型决策和确定型决策等方法。

（一）不确定型决策方法

不确定型决策是指决策者无法确定决策事件未来各种自然状态出现的概率，完全凭个人的经验、感觉和估计做出的决策。目前，这种决策已经有一些决策准则，供不同类型和风格的决策者选用。

（二）风险型决策方法

风险型决策是指决策事件未来各种自然状态的发生是随机的，决策者可根据相似事件的历史统计资料或实验测试等估计出各种自然状态出现的概率，并依其大小计算分析后做出的决策。风险型决策可采用收益表、决策树等方法。

1. 收益表法

决策收益表又称决策损益矩阵。该表包括可行方案、自然状态及其概率和每个方案的损益值等数据。

2. 决策树法

决策树是一种直观地表述决策过程的工具，它表示的是决策过程中发生的自然或逻辑的进展过程。利用决策树表述风险决策的优点是表达清晰，易于处理较复杂得多步决策问题。

（三）确定型决策方法

确定型决策也称确定情况下的决策，是指决策者面临的自然状态是确定的，决策者对自然状态的了解既充分又完全。

1. 盈亏平衡点分析法

盈亏平衡点也称保本点，在这一点上，销售收入总额与成本总额正好相等，经营处于不盈不亏的状态。

盈亏平衡点分析法是通过计算盈亏平衡点，掌握农业生产经营活动的盈亏临界，确定农业企业的最佳采购、生产、销售及设备的更新等方案，使企业获得最大经济效益。同时，还可以利用盈亏平衡点公式，对有关因素进行控制，以利于企业进行合理的决策。

由等式：销售收入总额=销售成本总额

可得：销售数量×销售价格=固定成本+（销售数量×单位变动成本）

$$销售数量\ x = \frac{固定成本\ a}{销售单价\ p - 单位变动成本\ b}$$

$$x = \frac{a}{p - b} \tag{3-1}$$

$$px = \frac{pa}{p - b} \tag{3-2}$$

式中：p——销售单价；

b——单位变动成本；

a——固定成本；

x——销售数量。

第四章 农产品市场的发展与完善

第一节 市场经济概述

一、完善社会主义市场经济运行机制

（一）市场经济的特征

市场经济是社会资源配置主要由市场机制进行调节的经济。市场经济具有如下特征。

1. 自主经济

市场经济的主体是企业，企业可以自主按法定程序建立，实行自主经营、自负盈亏和独立核算的制度。任何组织和个人不得非法干涉其经营行为。

市场经济是以市场为基本手段，通过市场机制的作用，把资源分配到需要和有效的地方，优化资源配置，取得最佳经济效益的资源配置方式。在市场经济中进行农业经营，应符合市场机制的要求；否则，将受到市场的惩罚。

2. 开放经济

市场经济向所有的经营者和消费者开放，市场经济重视自由选择、平等竞争，没有地位、级别差异。市场经济要求在全国、全世界范围内建立统一的大市场，任何部门和地区封锁都是对市场经济的破坏，最终会导致经济的落后。

3. 竞争经济

市场经济条件下，生产者之间、消费者之间均是激烈的相互竞争的关系。通过竞争，使生产资源得到有效的配置和利用；通过竞争，决定商品的价格。

4. 自发经济

市场机制对供求的调节和对生产资源的配置作用是自发进行的，即市场调节具有自发性。

5. 平等经济

市场经济是平等经济，以价值规律为基本交易准则，所有买卖在市场面前人人平等，不能拥有任何特权。市场经济要求在市场规则基础上对经营者进行比较，各市场主体在机会均等和公平的条件下参与竞争。

6. 法制经济

市场经济是法制经济，依靠一系列法律制度规范市场行为。依法进行农业经营是保证经营顺利进行的关键。

7. 风险经济

风险是市场的一个显著特征，市场经济是一种风险经济。市场经济以市场为基础对供求关系进行调节，由于各种不确定因素的影响，使这种调节带有很大的风险性。市场风险通常表现为生产风险、销售风险、价格风险、信用风险等。风险意味着损失，也意味着收益。风险越大，相应的损失也越大。

8. 信息经济

市场经济是信息经济。市场运行靠一系列的信息进行传递和调节，谁拥有足量和及时有效的信息，谁就能争取主动。市场运行中各种市场信息构成了市场经济发展的基础。经营者以市场为导向，应当掌握农用生产资料供价格信息等。

（二）市场经济的运行机制

市场运行机制由许多机制所组成，价格机制是其他各种机制发挥作用的基础。供求机制、竞争机制、利率机制等均靠价格机制才能发挥作用。

市场运行机制是通过市场价格的波动、市场主体间利益的竞争、市场供求关系的变化而调节经济运行的经济机制。市场机制是市场经济运行的基础，由价格、竞争、供求和风险机制构成。在各运行机制中，价格机制是市场运行机制的核心。

1. 价格机制

价格机制是通过价格涨落调节商品和其他要素的供求关系，指导生产和消费的经济运行机制。商品价格围绕商品价值波动，当商品价格大于价值时，生产经营者就能获得额外的纯收入；反之，就要亏本。市场价格是以价值为基础，由供求关系调节形成的一种均衡价格。

2. 供求机制

供求机制是通过供求关系的调节，形成均衡价格，从而指导供求双方行为的运行机制。供给大于需求，商品供过于求，形成积压，价格下跌；供给小于需求，商品供不应求，形成短缺，价格上涨；供给等于需求，商品供求平衡，市场稳定，价格平稳。

3. 竞争机制

竞争机制是通过合法竞争，在价格和其他方面形成优势从而提高经济水平，达到优胜劣汰的运行机制。

市场竞争是一个综合经济、科技等实力的较量，若有一个方面因素失误，就会造成总体竞争的失败。市场竞争一般采取以新取胜、以优取胜、以廉取胜、以信取胜、以诚取胜的"五胜制"原理。市场竞争围绕同行业厂商之间、同类产品之间、互代产品之间、争夺消费者、科技和信息等几个方面展开。

4. 风险机制

风险机制是通过风险和预期收益之间的关系，形成风险和收益的相互关系，指导经营者经营行为的运行机制。包括风险的形成、风险的分散和风险的承担等内容。

（三）完善社会主义市场经济运行机制

1. 建立健全统一、开放、竞争、有序的现代市场体系

建立健全现代市场体系是充分发挥市场机制作用的重要条件。现代市场体系包括商品市场和生产要素市场。

商品市场是国民经济物质商品和服务交易的基本场所和主要形式。按商品的最终用途分类，商品市场分为消费品市场和生产资料市场。生产要素市场提供生产要素的交易场所，不一定有固定和有形的场所。生产要素市场主要包括：①金融市场，包括提供长期运营资本的资本市场，也包括提供短期资金融通的货币市场，还有外汇市场和黄金市场；②产权市场，既包括企业产权交易、股权转让市场，也包括技术产权交易市场；③劳动力市场，指劳动力按供求关系进行流动的场所；④土地市场，指以土地使用权为交易对象的市场，因为我国实行土地公有制，所以，在土地市场上不能进行土地所有权的交易；⑤技术市场，即以技术商品为交易对象的市场。商品市场是市场体系的基础。没有商品市场的发展，要素市场的发展就失去基础和依据。但是，要素市场的发育程度和水平反过来又制约着商品市场的发展，特别是要素市场中的资本市场，对于其他要素市场和商品市场的发展具有重要的影响，是现代市场体系的核心。

统一、开放、竞争、有序是现代市场体系的基本特征。统一是指市场体系在全国范围内应该是统一的。统一还意味着市场按照统一的规划、制度进行组织和运作，要打破行业垄断和地区封锁。开放是指市场对内和对外都是开放的，从而能促进商品和要素的自由流

动。竞争是指在市场体系中商品和要素的流动，必须在一个公平竞争的环境中进行。有序是指要有一定的规则来维护市场的正常秩序，保证公平竞争和资源合理流动。

2. 完善市场体系

我国商品市场的改革起步较早。经过多年的实践，已形成较为健全的商品市场。这为要素市场的发展奠定了基础，也迫切要求进一步发展要素市场。所以，当前和今后一个时期，健全现代市场体系的重点是推进要素市场的发展，要"在更大程度上发挥市场在资源配置中的基础性作用，健全统一、开放、竞争、有序的现代市场体系。推进资本市场的改革开放和稳定发展。发展产权、土地、劳动力和技术等市场。创造各类市场主体平等使用生产要素的环境"。

3. 规范市场秩序

社会主义市场经济的运行也要建立与其相适应的行为准则和行为规范。社会主义市场秩序包括市场进入退出秩序、市场竞争秩序、市场交易秩序和市场仲裁秩序等方面的内容。等价交换和公平竞争是社会主义市场秩序的基本要求。加强市场法制建设，加强市场监管力度，整顿和规范市场秩序，既是保证经济正常运行的迫切需要，也是完善社会主义市场经济体制的客观要求。

加强信用建设，建立健全良好的社会信用体系，形成以道德为支撑、产权为基础、法律为保障的社会信用制度，是建设现代市场经济体系的必要条件，也是规范市场秩序的治本之策。信用的基本解释就是要遵守诺言、实践成约、取信于人。信用既属于道德规范，又属于经济范畴，缺乏信用不仅会造成经济关系的扭曲，而且会败坏社会风气。要增强全社会的信用意识，政府、企事业单位和个人都要把诚实守信作为基本行为准则。要加快建设企业和个人信用服务体系，建立监督和失信惩戒制度，为市场经济的正常运行创造良好的条件。

二、市场引导农业生产经营

在市场经济条件下，社会的供给与需求，均由市场来引导。在农业中，一方面，按照市场需求组织农业生产经营活动，通过市场交换实现商品的价值；另一方面，又依赖于市场的供给，取得生产资料和生活资料，保证农业再生产过程的顺利进行。

（一）市场引导农业再生产过程

农业的再生产过程包括生产、交换、分配和消费四个环节，每个环节都离不开市场。

1. 市场引导农业生产过程的产、供、销

农业生产过程的产、供、销，都与市场紧密相连，生产要根据市场需求确定生产经营项目，以消费定销售，以销售定生产，实现产销平衡；供应是用货币购买生产资料或劳务，使生产顺利进行；销售使生产的产品走向市场，实现其价值，获得价值补偿。

2. 市场引导社会再生产过程的生产、交换、分配和消费四个环节

①市场引导农产品的生产。生产经营者根据市场供求信息，确定生产经营项目，组织生产经营活动，生产什么、生产多少，完全由市场来决定。②市场引导农产品交换。生产者出售农产品，实现产品价值，使生产消耗得到补偿；中间商先购后卖，以获得进销差价；消费者购买农产品而获得使用价值，达到消费的目的。这一系列的交换活动，都是由市场来引导的。③市场引导农产品实体分配。实体分配包括商品的加工、运输、保管等工作。在市场机制作用下，农产品南调北运、秋收冬储、低价囤积、高价出售等活动，都是市场引导的结果。农业生产资料的分配也在市场引导下自由流动。④市场引导消费。市场是沟通农业生产与消费的桥梁。农业的生产消费和农民的生活消费，都是通过市场购买而实现的。

3. 市场引导农业再生产

农业是不断重复的周而复始的再生产过程，一个过程结束，下一个过程开始，其生产、交换、分配、消费同样由市场引导。

(二) 市场引导生产资源的流动

市场具有配置生产资源、调节资源供求的功能。在市场机制作用下，当市场上某种商品供不应求时，商品价格上涨，生产规模扩大，市场引导生产资源向这一方向流动，反之则反是。

1. 市场引导土地资源的流动

同一块土地，不同的用途，产生的效益是不同的。在比较利益作用下，土地拥有者选择比较利益大的生产经营项目，促使土地资源向高效益项目流动。

2. 市场引导农业劳动力的流动

农业劳动力在各生产部门、各生产项目之间的投放和流动，是由劳务市场引导的。在劳务市场上，劳动者自愿、平等地实现其劳动价值的互换。当前，我国农村存在劳动力过剩现象，在市场机制的作用下，农村劳动力向城市流动，贫困落后地区的劳动力向富裕发达地区流动，低收入地区的科技人员向高收入地区流动。

3. 市场引导资金的流动

资金有货币、实物资产和无形资产等形态。在市场机制的作用下，通过利率、成本、

利润等经济杠杆的推动，使资金向成本低、利润高的地区和生产项目流动，以实现资本的保值和增值。

4. 市场引导技术的流动

科学技术是一种重要的生产资源，高新技术能促进生产力的飞速发展。在市场机制作用下，资料、图纸、光盘等技术载体，向畅销高利的方向流动；先进设备、高科技材料等技术载体，向成本、价格有利的方向流动；具有高新技术知识的科技人员，从低效益区向高效益区流动，以实现科技人员的高科技价值。

三、市场引导农业产业的发展

一个国家或地区的农村产业构成及其比例关系，除了受自然资源条件、政治条件的影响外，还有市场机制的引导作用。市场需求是某一个产业或行业产生的前提，也是调整产业结构和农业生产布局的依据，市场需求促进农业生产区域化、专业化的发展。

第二节　农产品市场体系

一、建立健全农产品市场体系

（一）农产品市场的特点

1. 市场广阔，购买的人数量多而分散，需要建立广阔的销售网点

所有的消费者都是农产品的消费者，人类要生存，就必须消费食物，食物来源于农产品，所以，从某种意义上来说，农产品市场是人类整体，这是农产品市场需求的显著特征。由于农产品的消费者居住分散，为了尽量扩大农产品的消费群体，农产品生产者需要相应建立大量的销售网点。

2. 消费者购买多属小批量的经常购买，购买频率高

由于农产品保质期较短，不耐贮藏，消费者一次购买的数量较少，消费完后，会重复购买，呈现购买频率高的消费特征，对生活必需的农产品，该特征尤为明显。

3. 生活必需农产品需求弹性小，享受农产品需求弹性大

生活必需农产品如大米、蔬菜、猪肉等，是人们每天几乎都要消费的农产品，这些生活必需的农产品需求不会随商品价格的较大幅度变化而发生大的改变，也就是说，价格下

降，消费者不会增加较多购买量；价格升高，消费者的购买量也不会大量减少。其余的享受农产品如高档水果、花卉及由农产品加工的食品如饼干、糕点等，当价格下降，消费者会增加较多购买数量，而价格一旦上升，消费者则大量减少购买数量，表明消费者对这类农产品的购买量随价格的变化，会出现较大幅度的变化。

4. 不需要售后技术服务

进入消费市场的农产品是最终产品，消费者购买后直接消费，是最终消费，不需要农产品生产者提供技术服务。

5. 注重消费安全

虽然绝大部分农产品价格不高，农产品消费支出在消费者总支出中的比重不大，但是，由于农产品的消费将直接影响消费者的身体健康。因此，消费者在选购农产品时更注重消费的安全性。

（二）农产品市场的分类

从不同的角度，根据不同的需要可以把农产品市场分为各种不同的类型，比较常见的分类有以下几种。

1. 按流通区域划分

（1）国内市场

国内市场是指一定时期国家内部农产品商品交换活动的总和或农产品交换场所。国内市场还可分为城市市场和农村市场。

（2）国际市场

国际市场是各个国家和地区的经济贸易往来和国际分工联系起来的农产品商品交换活动的总和或农产品交换场所。

2. 按流通环节划分

（1）采购市场

农产品生产是分散进行的，所以农副产品先集中在农村产地的采购市场，然后批发、调拨供应集散市场。

（2）批发市场

批发市场指专门起着中转商品作用的，进行商品转卖的交易场所。目前我国发展起来的贸易货栈已成为主要的批发市场。

（3）零售市场

零售市场指从批发商或生产者购进商品，直接满足人民需要的商品交易场所。

3. 按农产品的使用价值划分

（1）生活消费市场

指以满足居民个人及其家庭所需要的生活资料为对象的市场。

（2）生产消费市场

指以满足生产单位或个人进行再生产所需要的生产资料为对象的市场。

4. 按照交易场所的性质划分

农产品市场可分为产地市场、销地市场和集散与中转市场等三类。

（1）产地市场

即在各个农产品产地形成或兴建的定期或不定期的农产品市场。产地市场的主要功能是为分散生产的农户提供集中销售农产品和了解市场信息的场所，同时便于农产品的初步整理、分级、加工、包装和储运。产地市场的主要特点是：①接近生产者；②以现货交易为主要交易方式；③专业性强，主要从事某一种农产品交易；④以批发为主。蔬菜批发市场等都是具有一定规模的产地市场。

（2）销地市场

设在大中城市和小城镇的农产品市场。还可进一步分为销地批发市场和销地零售市场。前者主要设在大中城市，购买对象多为农产品零售商、饭店和机关、企事业单位食堂。后者则广泛分布于大、中、小城市和城镇。销地市场的主要职能是把经过集中、初加工和储运等环节的农产品销售给消费者。

（3）集散与中转市场

其主要职能是将来自各个产地市场的农产品进一步集中起来，经过再加工、储藏与包装，通过批发商分散销往全国各销地批发市场。该类市场多设在交通便利的地方，如公路、铁路交会处。但也有自发形成的集散与中转市场设在交通不便的地方。这类市场一般规模都比较大，建有较大的交易场所和停车场、仓储设施等配套服务设施。

5. 按照农产品交易形式划分

农产品市场可分为现货交易市场和期货交易市场。

（1）现货交易

市场是进行现货交易的场所或交易活动的总和，所谓现货交易是指根据买卖双方经过谈判（讨价还价）达成的口头或书面买卖协议所商定的付款方式和其他条件，在一定时期内进行实物商品交付和货款结算的交易形式。现货交易又分为即期交易和远期交易。前者指买卖双方立即进行的一手交钱一手交货的交易。我国目前进行的小额农产品市场交易多属于此类。而后者是指根据买卖双方事先签订的书面形式的农产品买卖合同所规定的条款，在约定的时期内进行实物商品交付和货款结算的交易形式。我国目前出售大宗农产品多采用远期现货交易形式。

（2）期货交易

市场就是进行期货交易的场所，如郑州粮食期货交易所。所谓农产品期货交易的对象并不是农产品实体，而是农产品的标准化合同。

6. 按照商品性质划分

农产品市场还可分为粮食市场、蔬菜市场、肉禽市场、水产市场、果品市场、植物纤维市场等。

（三）建立健全农产品市场体系

加强农产品市场体系建设，对扩大内需，保障农产品有效供给，促进农民增收，引导农村消费，推动农村经济结构战略性调整，确保农业和农村经济稳定增长，都具有重要意义。为此，应努力做好以下工作。

1. 对农产品市场体系建设进行科学规划与布局

要科学制订农产品市场体系建设规划及实施纲要，从宏观上加强对农产品市场体系建设的指导。各级地方政府要坚持因地制宜、分类指导、务求实效、循序渐进的原则，对农产品市场体系的建设进行统一规划，避免盲目建设和重复建设。同时，在规划新建市场时，要着眼于多层次、多类型、多功能的发展定位，在现有市场基础上进一步规范、发展、完善市场功能，增强辐射能力，切实做到农产品市场规划的科学性与合理性。

2. 完善市场的基础设施建设，推进农产品市场的现代化管理

市场基础设施建设是农产品市场体系建设和发展的重要保障。因此，要加快传统集贸市场和农产品批发市场的整合、改造和升级，特别是要加强重点产区和集散地农产品批发市场、集贸市场等流通基础设施建设，改善交易条件，提高交易效率。重点要加强市场场地的硬化、水电路配套、交易棚厅，以及农产品加工和贮藏保鲜等设施建设，尽快改变市场设施简陋和脏乱差状况。同时，要完善市场服务功能，提高农产品市场体系的网络化程度。加强对仓储设施、配送系统、通信、信息网络、电脑结算系统、农产品质量安全检验检测系统等农产品市场的配套设施建设。

3. 加快市场的信息化建设

逐步健全各级信息服务体系，为农民提供市场信息、购销对接等服务，衔接产销，着力解决农产品卖难问题。

4. 加强农产品流通网络建设

一是继续实施"双百市场工程",支持大型鲜活农产品批发市场和县乡农贸市场升级改造;二是培育"农超对接"龙头企业,支持大型连锁超市、农产品流通龙头企业与农村专业合作组织对接;三是促进"农超对接"基地品牌化经营,提升基地农产品品牌知名度和市场竞争力,强化农产品基地农民培训,提高农民进入市场的能力。

5. 健全市场法律体系和监督机制,规范市场秩序

健全的法律体系和高效的监督机制是规范市场秩序的基本前提,也是市场体系建设和健康发展的必要保证。因此,要以公平竞争为原则,致力于维持市场秩序,保护合法经营,维护生产者、经营者和消费者的合法权益,坚决取缔各种违章违法经营,严厉打击制假售假、商业欺诈等违法行为,逐步完善各项交易服务设施,尽快解决农产品市场体系建设中市场主体和客体市场准入、市场载体功能缺失、中介组织定位的问题。国家对此应制定相应的法律法规,集中对涉及农产品市场体系建设的有关法规、政策等进行清查,消除不利于农村商品市场体系建设的各种政策性障碍。加快制定、补充和完善与有关法律、法规配套的条例、实施细则,使法律、法规更有可操作性。

6. 培育壮大市场主体

积极培育、壮大农产品经纪人队伍,围绕农产品流通政策、运销贮藏加工技术、质量安全知识与法规、农业科技等内容开展农产品经纪人培训,向农产品经纪人提供市场信息服务,帮助他们提高素质,增强市场开拓能力。积极引导农民营销合作组织发展,鼓励运销大户、农产品加工和流通企业领办营销合作组织,提高农民参与农产品流通的组织化程度,增强市场竞争力。

7. 清理整顿农产品市场的各种收费

大力整顿农产品市场收费,降低过高的收费标准,取缔各种不合理收费,合并重复收费项目,已停收的各种税费一律不得恢复。推广统一收费经验,实行一费制,解决多头或重复收费问题。

二、农产品市场信息

(一) 农产品市场信息的内容

农产品生产者需要的信息是多方面的。总的来说,主要可以分为以下几类。

1. 市场信息

市场信息是农产品生产者决策前需要掌握的主要信息。目前,除少数大宗农产品外,

我国绝大部分农产品已经放开经营，大量的农产品生产者都面临着激烈的市场竞争。同时，农产品生产者面临国内、国际两个市场的竞争，国外的许多农产品比国内农产品质优价廉，这将使我国农产品生产者的竞争更激烈。了解农产品市场供求状况，为农产品生产者决策提供指导，有利于农产品生产者在市场竞争中处于主动地位。

主要的市场信息内容包括以下五点。

（1）市场供给信息

上年度产品生产总量、产品进出口情况、本年度产品供给情况预测、相关产品供给情况等。

（2）消费者需求信息

上年度市场消费总量、本年度市场需求量预测、消费者收入水平变化情况、消费者需求偏好变化情况等。

（3）市场价格行情

上期市场价格水平和波动情况、当期价格水平、未来价格走势预测等。

（4）相关政策信息

政府农业产业政策、政府宏观调控政策等。把握国家宏观调控政策信息，对相关生产者来说，也意味着孕育着市场机会。

（5）产品动态信息

市场畅销品种、新品种信息、产品质量标准信息等。先于竞争者获得新品种的信息，在竞争中就掌握了优势，了解各种优质农产品相关质量指标信息，可以指导农产品生产的标准化，使农产品符合市场需求。我国已经对八类粮食品种制定了新的质量标准指标体系，这对相关产品生产者来说，是应该了解的重要信息。

2. 实用技术信息

与工业产品不同，农产品在生产过程中，容易受到外界环境的影响而造成损失，如旱灾、涝灾、冰雹、病虫害、瘟疫等。因此，农产品生产者需要先进适用的抗旱、抗涝、抗雹、抗虫、抗病等抵抗自然灾害的技术。在农产品收获后，生产者也需要农产品保鲜技术信息、优质农产品质量标准信息、农产品包装技术信息等实用技术信息。这些信息对农产品生产者解决经营过程中的实际困难，具有较强的现实指导作用。

3. 农业科研动态信息

在竞争越来激烈的市场环境下，了解科研发展的最新进展对农产品生产者的未来决策具有重要意义。由于农产品的生产特性，生产周期长，生产过程中不能改变决策，因此，农产品生产者在生产之前，要谨慎决策。掌握农业科研的一些发展动态信息，能够增强决策的准确性。

（二）农产品市场信息收集的方法

在了解市场信息的内容后，接下来要做的是信息的收集工作。农产品生产者如何来获得所需的信息呢？具体来说，生产者可根据信息的种类采取不同的收集方法。

1. 收集二手信息的方法

在市场营销实践中，已经被编排、加工处理出来的数据、资料信息称为二手信息。获得二手信息的速度较快，而且成本也低。农产品生产者收集二手信息的主要途径有以下四种。

（1）订阅报纸、杂志

农产品生产者可以到邮局订阅《市场营销》《市场报》《农民日报》等报纸、杂志，从中获得产品和市场信息。

（2）收听广播、收看电视节目

农产品生产者可以从广播、电视中了解国家政策方针、产业发展情况、产品供求信息等。

（3）购买统计出版物及相关书籍

政府的统计年鉴、农业技术普及读物，也是农民掌握市场信息和生产技术的有效途径。

（4）上网

科学技术不断为人们提供越来越便捷的获取信息的途径，网络就是其中之一。对农产品生产者来说，市场信息显得更加重要，谁先掌握信息，谁就将在竞争中占据优势。因此，具备一定条件的农产品生产者，可以通过网络获取信息，使自己及时把握市场动态。随着网络的发展，我国农产品网络建设方面也获得了较大的发展，目前农产品相关的政府网站和商业网站都比较多。农产品生产者可以通过网络获得产品供求、价格、技术、政策、展销会、国际市场动态等各种信息。

2. 收集原始信息的方法

农产品生产者获得的二手信息，多数只能对农产品生产者起宏观指导作用，在涉及具体的某方面经营决策中，生产者还应该收集原始信息。原始信息是指为具体的目标专门收集的信息，如新产品的市场分析、消费者态度调查等。原始信息主要通过市场调查收集，农产品生产者可以根据具体的项目制订市场调查计划。

（三）农产品市场调查计划的编写

农产品市场调查计划的内容主要包括以下几点。

1. 调查的方法

农产品原始信息的收集主要采用问询式调查的方式，也就是直接询问被调查者与调查内容相关的问题。如新产品的命名、口感测试调查、消费者消费偏好调查、广告宣传的效果调查等都可以采用直接询问消费者的方式获得所需信息。

2. 与调查对象的接触方式

农产品生产者在问询式调查中，可通过电话、信件、当面询问等几种方式与调查对象接触。这几种接触方式各有优缺点：通电话的方式灵活、便利，但是受通话时间的限制，双方只能做简短的交流，成本也较高；信件通信成本低廉，但是回收率不高，而且所需时间较长；当面询问，调查者能根据调查对象的反应灵活处理，深入话题，但这需要大量的高素质的调查人员，成本也较高。农产品生产者可根据具体的调查项目选择接触方式。

3. 调查对象的选择方式

在问询式调查中，农产品生产者还面临一个问题，即如何选择调查的对象。一般来说，选择一部分有代表性的调查对象即可获取准确性较高的调查结果。调查人员可以采取随机方式选择调查对象，也可以依据年龄、性别、收入水平等不同标准进行分组，从每组中抽取一定数量的人进行调查。

4. 调查表的设计

为了使调查者在调查过程中能围绕调查项目与调查对象交流。在实施调查工作前，调查人员可以设计一份调查表，将所要调查的内容详细列出。设计调查表时，要注意问题形式的设计，可设计有答案选择的问题，也可以设计自由回答的问题；注意问题的表达语气和顺序，使用简单、直接、无偏见的语气；第一个问题应尽可能引起调查对象的兴趣。

三、充分利用农产品市场信息

（一）信息的加工

信息的加工是在原始信息的基础上，生产出价值含量高、方便用户利用的二次信息的活动过程。这一过程将使信息增值。只有在对信息进行适当处理的基础上，才能产生新的、用以指导决策的有效信息或知识。

①信息的筛选和判别。大量的原始信息中，不可避免地存在一些假信息和伪信息，只

有通过认真筛选和判别，才能防止鱼目混珠、真假混杂。②信息的分类和排序。收集来的信息是一种初始的、零乱的和孤立的信息，只有把这些信息进行分类和排序，才能存储、检索、传递和使用。③信息的分析和研究。对分类排序后的信息进行分析比较、研究计算，可以使信息更具有使用价值乃至形成新信息。

（二）进行预测

预测是对事物将来的发展趋势做出的估计和推测。

1. 生产预测

生产预测是对将来农业生产项目、生产规模、产品结构等发展趋势的推测。农民可根据市场调查的信息，发现市场中的规律，做出正确的推测。农民也可以根据这些预测制订长久的发展计划，并随着生产的发展，不断调整生产项目，改善产品结构，扩大生产规模，提高经济效益。

2. 销售预测

销售预测是对农产品供应量、需求量、价格和农产品需求时间的预测。这类预测与农民生产经营最为紧密，也最经常。供应量预测是对农产品供应数量、供应时间的预测。把握准供应量预测，可以避开供应高峰，提前或延后上市，从而合理安排生产面积，选择生产品种进行生产，在竞争中取得优势。销售价格预测是对农产品在不同供应时间的价格预测。销售价格预测可以决定是否种植、种植多少，以及在什么时间上市价格较好。对农产品需求时间预测是因为农产品生产需要一定时间，进行需求预测要有一定超前性，以便正确安排生产时间，保证产品准时上市。

3. 经营成果预测

经营成果预测是对一定时期内的总收入、总成本、利润等内容的预测。对经营成果的估计应建立在对生产量、销售量以及销售价格预测的基础上。在生产经营开始前农民就已想到了经营成果，对经营成果的追求是生产经营发展的永久动力。

（三）进行经营决策

经营决策是农民对经营达到的目标和实现目标的措施进行的选择和决定。

1. 生产决策

生产决策是对一定时期内农业企业或农民家庭达到的经营目标、生产目标、选择生产项目、生产规模等问题进行的决定。生产决策是经营决策的核心部分，是决定其他决策方向的关键，是进行农业经济管理的中心环节。农民应充分考虑所具备的资金、劳动力、技

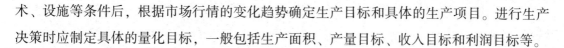

术、设施等条件后，根据市场行情的变化趋势确定生产目标和具体的生产项目。进行生产决策时应制定具体的量化目标，一般包括生产面积、产量目标、收入目标和利润目标等。

2. 技术决策

技术决策是经营者为达到经营目标，结合农业生产实际，对采用何种生产技术措施和何种技术装备等问题的决定。农民要达到预期的生产经营目标，必须采用相应的技术措施。技术措施的选择，应以适用技术为重点。适用技术是指在特定条件下能够达到预期目的、综合效益较好的技术。适用技术不一定是先进的技术。适用技术应具备两个基本条件：一是该技术和当地自然、经济条件相适应，特别是与当地农民经济条件相适应；二是必须有良好的效益，包括经济效益、生态效益和社会效益，既能获得良好的经济效益又不会破坏生态环境。

3. 物资采购决策

物资采购决策是经营者根据以上决策对物资采购进行全面的安排。以便按时、按量采购生产所需的生产资料，保证生产的顺利进行。进行物资采购决策时，注意采购生产资料以满足生产项目和技术水平要求为标准，不能贪图便宜，随意购买劣质生产资料。否则，虽然一时占些便宜，但轻者会降低产品产量和产品质量，重者会造成严重的损失。劣质种子、假化肥、假农药等危害严重，甚至导致绝产绝收。进行物资采购决策时，应办理严格的采购手续，签订采购合同，索取对方出售物资的发票。

4. 销售决策

销售决策是对出售农产品时所采取的销售渠道、销售方式、销售价格等问题进行的决定。农产品的销售渠道和销售方式多种多样，农民应根据产品类型、自身条件、产品产量、市场供求状况和出售价格等因素，确定合理的销售范围；选择合适的销售渠道和销售方式，使产品尽快以合理的价格销售出去，收回资金，降低经营风险。

第三节　农产品价格

一、认识农产品价格

（一）农产品价格作用

合理的农产品价格，对农业扩大再生产具有重要作用。农产品价格的作用具体表现在五个方面。①农产品价格水平的高低直接关系到农业生产的发展。农产品价格如果不能补偿农业生产消耗的各项费用支出，农业就不能维持简单再生产，在商品生产的条件下也就无人愿意从事农业生产。农产品价格如果不能给农业生产提供一定的利润，农业就不可能获得扩大再生产所必需的积累。在商品生产的条件下，也就无法保证农业的发展。②农产品价格直接影响着农产品在地区之间的流通和农业的合理布局。如果农产品的价格在产地和销地没有差别，农产品的流通费用就无法得到补偿，就没有人肯积极地从事农产品的运销。这样，农业在地区之间的合理分工也就成为不可能。③农产品的价格直接影响到农业内部各种生产项目是否可以按照社会所需要的比例发展。如果社会所短缺的农产品的价格过低，而社会所富余的农产品的价格过高，就会使农业生产的比例关系更加失调。④农产品的价格关系到工业生产的成本和工业品的价格。农产品的价格提高就会使以农产品为原料的工业生产成本提高，并迫使工业品的价格上升。⑤农产品价格水平直接关系着农民的收入和消费者的利益。农产品价格降低就意味着农民收入的下降。农产品价格上升，就意味着农产品消费者的支出增加。

农产品价格，指农业部门生产的农、林、牧、副、渔各业产品的价格。可细分为粮食价格、经济作物价格、土特产品价格、畜产品价格、水产品价格等。按商品流转环节可划分为农产品收购价格、批发价格和零售价格等。

农产品的价格是一个既关系到农业生产又关系到工业生产；既关系到农民的收入又关系到国家和广大消费者利益的一个十分重要的经济问题和政治问题。同时也可以看到，在价格问题上，交织着多方面的矛盾，因而解决好这个问题是很不容易的。

（二）农产品价格的构成

1. 物质费用

指在直接生产过程中消耗的各种农业生产资料和发生的各项支出的费用，包括直接生产费用和间接生产费用两部分。直接生产费用，是在直接生产过程中发生的、可以直接计入各种作物中去的费用，包括种子秧苗费、农家肥费、化肥费、农膜费、农药费、畜力费、机械作业费、排灌费、燃料动力费、棚架材料费及其他直接费用。间接生产费用，是指与各种作物直接生产过程有关，但需要分摊才能计入作物成本的费用，包括固定资产折旧、小农具购置及修理费、其他间接费用等。

2. 人工费用

指在农业生产过程中的人工投入费用。分直接生产用工与间接生产用工两部分。直接生产用工费用，是指各种作物直接使用的劳动用工费用。间接用工费用，是指多种作物的

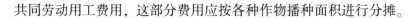

共同劳动用工费用，这部分费用应按各种作物播种面积进行分摊。

3. 期间费用

期间费用指与生产经营过程没有直接关系和关系不密切的费用，包括土地承包费、管理费用、销售费用和财务费用。

4. 利润

农产品销售价格减去物质费用、人工费用、期间费用后的剩余部分。

（三）农产品价格体系

农产品从生产领域进入消费领域，一般都要经过流通领域。农产品在流通领域也要经过不同的流通企业，经过收购、批发、零售等若干环节。每经历一道环节，都要发生一次交换行为，出现一次买卖关系，因而就有一种价格。在收购环节有收购价格；在批发环节有批发价格、供应价格；在零售环节有零售价格。农产品收购价格是基础价格。批发价格属中间环节的价格。零售价格则属于农产品商品的实现价格。这些不同环节的价格，又由购销差价、地区差价、批零差价、季节差价、质量差价等互相联系起来，构成错综复杂的农产品价格体系。

1. 农产品收购价格

农产品收购价格指农产品收购者向农产品生产者收购农产品的价格，也称农产品采购价格。在我国主要是指国有企业和供销合作社向农业生产者收购农产品的价格。它是农产品进入流通领域的第一道价格，是制定农产品其他销售价格的基础。它体现着国家与农民、城市与农村、工业与农业的关系。20 世纪 50 年代以来，随着我国农产品供求及经济体制的变化，农产品收购价格的形式也在相应地变化，前后计有统购价、派购价、超购加价、议价、委托代购价、国家定购价、市场收购价等。

2. 农产品销售价格

农产品销售价格包括农产品产地批发价格、销地批发价格、零售价格。

（1）农产品产地批发价格

它是农产品产地批发企业向批发企业或零售企业出售农产品时所采用的价格。一般是在产地收购价格基础上，加购销差价确定的。购销差价内包括产地企业合理的经营费用、税金和一定的利润。

（2）农产品销地批发价格

它是销地批发企业向零售企业或向生产单位出售农产品、工业原料的价格。大中城市和工矿区所需农产品数量大，多由产地集中，经销地批发环节再分散供应。因此，销地批发价格常在产地批发价基础上，加销地企业的合理费用、税金和利润制定。

（3）农产品销地零售价格

农产品零售价格是流通过程中最后一个环节的价格，也就是与消费者的见面价。合理的农产品零售价直接关系到市场物价稳定。因此，应十分重视农产品零售价的管理。农产品零售价格一般是在销地批发价基础上加批零差价制定。

3. 农产品的比价

（1）工农产品的比价

工农产品比价就是农民购买工业品所付的价格水平，同农民出售农产品所得的价格水平的对比，或一定数量的农产品能够交换到工业品的数量。它通常用工业产品的销售价格指数的变动幅度，同农产品收购价格指数的变动幅度的对比加以反映。工农产品比价的合理与否是关系到工农业生产能否协调发展，工农差别、城乡差别能否逐步缩小的重要的经济问题和政治问题。如果农民所得的价格水平的提高，快于农民所付价格水平的提高，就会更加有利于农业的发展和农民收入的增长。反之，就会更加有利于工业的发展和工人收入的增长。因此，为了正确处理工农关系，必须经常研究工农产品比价的变化，并多方采取措施使之合理化。

（2）农产品之间的比价

农产品的比价通常指同一时期、同一地区、各种农产品价格之间的比例关系。这种比例关系直接影响到不同农产品的生产者的收入，也极大地影响到各种农产品的生产和消费。

4. 农产品的差价

农产品差价指同一商品由于生产成本、流通费用、储存以及商品质量不同等原因而形成的价格差额。主要有以下几种。

（1）农产品购销差价

指同一种农产品在同一地区的收购价格与销售价格之间的差额。适当的购销差价除补偿农产品运销各环节上的流通费用外，还有利于调节农产品的市场供求关系。反之，购销差价不合理，则会挫伤农民生产、企业经营农产品的积极性，并影响消费。

（2）农产品地区差价

指同一时间、同一商品的收购价格在不同地区之间的差额。地区差价的形成主要是由于不同地区的自然、经济条件存在差别，因而产生同一种农产品在不同地区消耗的劳动量不同，成本不一。合理的地区差价有利于促进条件较差的地区发展农业生产，又不致影响条件较好地区的积极性。

（3）农产品季节差价

指同一商品在同一地区的收购价格或销售价格在不同季节之间的差额。季节差价的存在是由于某些农产品的季节性生产同常年的消费需求之间存在矛盾，因而从生产到消费的时间差中，增加了储存、保管、自然损耗和利息等费用。此外，同种农产品在不同季节生产，产量和费用的差别也很大，如蔬菜温室生产费用高，提早上市产量低。实行季节差价可以补偿由于上述原因而增加的生产、流通费用，还有利于平衡淡旺季的农产品供应。

（4）农产品质量差价

指同一商品因质量不同而形成的价格差额。优质优价、劣质低价，拉开品质差价的档次，有利于促进农产品品质的提高和保护生产者、消费者双方的利益。

二、农产品定价

（一）农产品定价时应考虑的因素

在农产品进入市场之前，生产者应确定合适的价格，这是一项非常复杂、细致的工作。综合来看，生产者应主要考虑以下几个方面的因素。

1. 生产成本

一般来说，首先应考虑在农产品的生产过程中投入了多少生产费用，如购买种子、化肥、农药及其他生产资料的支出，还有劳动用工等，农产品加工品的生产成本则包括厂房、机器、设备、原材料、人员、资金等投入费用。对这些费用进行初步计算，就得到了在产品定价中第一个必须考虑的因素——生产成本。将生产成本除以收获的农产品总量，得到单位农产品生产成本。在农产品销售过程中，产品的定价应至少与单位农产品生产费用相等，也就是说，至少要能弥补成本，不亏本。在市场竞争激烈的情况下，农产品生产者在短期内可暂时撇开考虑弥补厂房、机器、设备投入的费用，仅弥补原材料、人员工资的费用。

2. 市场需求

在考虑产品生产成本的基础上将价格的决策权交给消费者，由消费者决定产品的定价是否正确。由于农产品大多是家庭日常消费品，本身商品价值不高，因此，农产品生产者不能将价格定得过高。同时，一般消费者都具备一定的农产品质量辨别能力，消费者在购买农产品的时候会根据自己的判断来确定产品的品质和价格，农产品价格定得过高，消费者根据自己的理解认为产品不值这么高的价格，就不会接受这一价格。因此，在农产品的定价过程中，生产者应对产品在消费者心目中的价值水平做出初步判断，以此作为产品定价的依据。如果你的产品质量好，或者产品具有新、奇、特等特征，而且是深加工、精加工产品，消费者对产品的理解价值也会提高，这时可以相对定高价，这也体现了优质优价的定价原则。

3. 竞争者的产品和定价情况

在农产品定价过程中，还应考虑的另一个重要因素是竞争者的产品定价情况，也就是生产同类农产品的其他生产者，他们的产品具有什么特色，价格定位在什么水平。从竞争者产品特色上可以了解自己在竞争中是否具有优势，而竞争者的价格定位水平可以作为农产品进行定价时的参考。一般来说，农产品生产者可选择将产品定价低于竞争者、与竞争者同等或高于竞争者。在生产者实力较为弱小、信誉不高或其产品是大路货，没有什么特色、优势时，为求得在市场上占有一席之地，可以采取低于竞争者的价格方式定价。对于实力一般的生产者，则可制定与竞争者同等水平的价格，避免双方间的价格竞争。而实力较为强大，或产品具有竞争对手没有的特色的农产品生产者，在消费者愿意为获得优质、特色的产品支付较高价格的情况下，定价可高于竞争者的价格。

（二）农产品定价策略

1. 心理定价策略

（1）奇数（尾数）价格策略

又称零头定价策略，指企业为了迎合消费者心理，给农产品制定一个带有零头的数结尾的价格策略，如 0.99 元、199.8 元等。它会给消费者一种经过精确计算后才确定最低价格的心理感受，增加对农民的信任感，从而扩大其商品的销售量。

（2）整数价格策略

为了迎合消费者"价高质优"的心理，给商品制定了整数价格策略。对于价格较高的高档商品、耐用商品、馈赠礼品宜采用该种策略。

（3）分级价格策略

把商品按不同的档次、等级分别定价。此方法便于消费者根据不同的情况按需购买，各得其所，并产生信任感和安全感。

（4）声望价格策略

凭借在消费者心目中的良好信誉及消费者对名牌产品偏好的心理，以较高的价格进行产品定价。

（5）招徕价格策略

为了迎合消费者求廉心理，暂时将几种消费品减价以吸引顾客招徕生意的策略。该策略对日用消费品比较奏效。

（6）习惯价格策略

指对已经是家喻户晓、习以为常、消费者难以改变的常用商品采取的价格策略。习惯价格不宜轻易变动，否则容易引起反感。

2．折扣与折让策略

（1）现金折扣

也叫付款折扣，是对在约定付款期内现金付款或提前付款的消费者在原定价格的基础上给予一定的折扣。例如，20 天付清的款项，当场付款，给 5% 的折扣；若提前 10 天付款，则给 2% 的折扣；20 天到期付款，则不给折扣。

（2）数量折扣

指根据购买数量，给顾客以一定幅度的折扣。这里有两种形式：一是累计数量折扣，在一定时期内（一个月、一年），顾客购买产品的总量超过一定数额时，按总量给予一定的折扣；二是非累计数量折扣，按照顾客一次购买达到一定数量或购买多种产品达到一定金额时所给予的价格折扣。

（3）功能折扣

是生产企业给予愿意为其执行推销、储存、服务等营销职能的中间商的额外折扣。

（4）季节折扣

生产季节性产品的企业或农民对销售淡季来采购的买主，给以折扣优惠；零售企业对那些购买过季商品或服务的顾客给予一定的折扣。

3．差别定价策略

农产品生产者还可以根据产品形式、顾客、销售地点的不同，把同一种农产品定为不同的价格。实践中主要差别定价方式有四种。

（1）顾客差别定价

农产品生产者将同一种农产品按照不同的价格卖给不同的顾客。一般来说，顾客的差别主要体现在其收入水平上。如对收入水平较高的大中城市和经济发达地区的消费者制定较高的价格，而对收入水平较低的中小城镇和经济欠发达地区的消费者制定较低的价格，这种定价方式比较适合于名、新、特、优的农产品。

（2）产品形式差别定价

农产品生产者根据产品的外观不同、包装不同，对质量、成本相近的产品，可以制定不同的价格。在传统的生产经营中，农产品生产者不太注重通过对产品进行分级、分类、包装使农产品增值，使农产品出售时丧失获得较高的附加利润的可能。在现代商品生产实践中，农产品生产者要增强这方面意识，在产品的生产过程中做起，尽量拉大产品的利润空间。对农产品的分组分类主要从外在品质来认定，这是农产品营销中区别于工业品营销的一个重要特点。

（3）销售时间差别定价

指农产品生产者对不同季节、不同时期出售的同一种产品，分别制定不同的价格。这种策略比较适合于鲜活农产品。生产者在种植反季节农产品的时候，由于投入较高，因此，决策时要注意把握市场需求动态，选择好种植种类和品种，若随意跟风、一拥而上，你的产品差异优势就不再存在。

（4）销售地点差别定价

指农产品生产者每个地点供货的成本相同，但是可以根据产品销售地点的不同，分别制定不同的价格。

4. 地区定价策略

（1）消费者承担运费定价

由消费者承担产品由产地到消费者购买产品地区的运输费用。产品的销售价格是在产品生产成本、适当利润的基础上加上产品运输费用，将总费用分摊到销售的每一单位产品上来获得。

（2）统一交货定价

也叫邮资定价，企业对于卖给不同地区顾客的同种产品不问路途远近，一律实行统一送货，货款均按照相同的厂价加相同的运费定价。对任何一个子市场都实行相同的价格。

（3）分区定价

就是企业把一个地区分为若干价格区，分别制定不同的地区价格。距离企业较远的地区价格较高。

（4）基点定价

企业选择某些城市为基点，然后按照一定的厂价加上从基点城市到顾客所在地的运费来定价。卖方不负担保险费。

（5）运费免收定价

企业对于不同地区的顾客都不收取运费，以此吸引顾客，加深市场渗透。利用这种方式定价，使产品销售价格低于竞争对手，在竞争中具有一定的价格优势，有利于产品打开市场。如果产品销量加大，销量的增加将使产品平均成本降低，这可以弥补运输费用的支出，也是有利可图的。这种定价方式常被用于市场竞争激烈的情况下，对农产品生产者也是适用的。为使农产品进入新的市场，短期内，可以不考虑利润的多少，主要考虑提高产品的市场占有率，确定低廉的销售价格，以在新的市场上站稳脚跟。

三、充分利用农产品价格

农产品生产者和经营者处于一个不断变化的环境中，为了生存和发展，有时候需要主动调整价格，有时候需要对价格的变动做出适当的反应。

（一）农产品生产者降低价格

在下列情况下，农产品生产者可以采取降价的策略。

1. 生产能力过剩

农产品与工业品不同的显著特点之一是产品的生产周期较长，部分产品生产过程中受自然条件影响较大。当温度、光照、降水等自然条件适宜，风调雨顺，病虫害较少，种植业农产品易获得丰收。但是，由于农产品大多是需求相对稳定的产品，产品生产过剩，而消费者不会增加太多购买量。同时，农产品生产周期较长，短时间内不能进行产品改进，由此出现季节性农产品生产能力过剩。这时，农产品生产者应考虑降低产品价格，促进产品的销售。

2. 市场竞争压力强大

在激烈的市场竞争中，生产同类农产品的生产者越来越多，随着市场的开放，国际市场的农产品进入国内市场的数量越来越多，农产品的新、奇、优特点差异空间在逐渐变小，为了巩固产品原有的市场，农产品生产者可以考虑采取降低价格的策略，维持产品的市场占有率。

3. 自身成本费用比竞争对手低

当农产品企业不断发展壮大，企业达到一定规模，具有一定的品牌效应，消费者对产品的信任度较高，产品深受消费者欢迎，产品的销量达到一定水平，平均成本降低时，可以通过降价进一步提高市场占有率，将实力较为弱小的生产者挤出市场。

我国由于耕地限制和传统生产习惯制约，农产品的生产规模较小，具有较强国际竞争实力的农产品经营企业几乎还没有，导致农产品生产者实施降价策略原因主要是季节性的生产能力过剩和市场竞争的压力，而且，许多农产品生产者是被动降价。

（二）农产品生产者提高价格

在下列情况下，产品生产者可以采取提价的策略。

1. 生产成本上升

农产品的生产成本上升主要体现在：农业生产资料涨价，如种子、农药、化肥等；生产原料涨价，如饲料。生产资料和原料的涨价使生产者为保持原有利润，可以提高产品销售价格。

2. 产品供不应求

产品供不应求，不能满足所有顾客的需要。在这种情况下，农产品生产者可以采取提价策略。农产品生产者在提升价格的策略中可运用一些技巧，较为隐蔽地提高价格。如对于一些罐装的果汁、饮料、鲜奶，可以适当减小容量，包装不变，但消费者不易察觉；适当提高产品中高档产品的价格，通过高档产品弥补成本。如果公开提价，则要通过宣传，说明提价的原因，做好顾客说服、沟通工作，减少消费者的抱怨情绪。

（三）充分利用农产品价格变动，采取积极应对措施

虽然农产品生产者对产品价格的调整，大部分属于被动调价，但是无论是主动调价还是被动调价，对于产品市场价格的变化，农产品生产者不能仅仅是被动应付，在价格战中要采取各种措施积极应对。

1. 努力寻找新的市场

我国地域辽阔，农产品的生产受自然条件限制，区域差别较大，在某一地区市场上供过于求，在其他地区则不一定，此时，农产品生产者应将重点放在扩大消费者数量上，努力寻找需求还没有得到满足的消费者。

2. 加强农产品宣传

不降低产品价格，维持原价，加强产品质量宣传，通过与顾客进行交流，如开展样品展销会，努力使买主感受到自己的产品优于降价的其他同类产品，使消费者坚持"一分钱，一分货"的信念。这种策略比较适用于产品质量较优的农产品生产者。

3. 提高产品质量

农产品市场竞争中，价格变化快、竞争激烈、供过于求的产品主要是一些质量一般、不符合消费者需求升级后的普通产品，而市场上一些新、特、优的农产品仍然卖价较高，生产者获取的利润也较大。因此，从长期来看，农产品生产者要从非价格策略着手，根据市场需求和地方自然条件，生产符合消费者需求的产品，抓好产品质量和分级分类工作，使产品进入市场后，竞争环境相对宽松，从而减轻价格波动。

4. 促进产品加工升级

农产品仅仅做到专业化生产，产后的分类、分级还只是简单的粗加工，利润增加不

大。生产者应努力开发农产品的深加工、精加工。加工后的农产品，卖价的提高远远大于成本的增加，能够给农产品生产者带来较高的利润附加值，竞争对手相对也较少。我国现在农产品加工环节还比较薄弱，而随着人们消费水平的提高，对农产品加工食品的需求也会不断增长，推动农产品生产的加工升级将是一个良好的市场机会。

5. 加强销售渠道建设

人们经常提到农产品"卖难"问题，农产品生产者也为农产品"卖难"问题感到十分头疼。但是，农产品生产者往往是农产品生产出来后，发现市场供大于求，价格下降，才急于为产品寻找出路。作为现代商品经营环境下的农产品生产者，从准备进入该农产品的生产经营领域起，就要注重销售渠道的建设，重视中间商的选择和激励，努力与中间商保持长期稳定的销售关系。这样，当市场价格出现变化时，产品的销售渠道仍能保持通畅，使自身在价格竞争中占据优势地位。

第四节　农业物流的发展

一、认识农业物流

（一）农业物流的作用

农业物流是指以农业生产为核心而发生的一系列物品从供应地向接受地的实体流动和与之有关的技术、组织、管理活动。也就是使运输、储藏、加工、装卸、包装、流通和信息处理等基本功能实现有机结合。

1. 发展农业物流有利于发挥农业在国民经济中的基础作用

从入世后的形势分析，国内主要农产品的生产价格大都高出国际市场价格，基本丧失了商业竞争优势。我国如果组织进口高质量低价格的农产品会对一些大宗农产品主产区及其农民产生不利影响，农民卖粮难的现象将日益加剧，解决农村社会经济矛盾的难度必将逐步加大；而如果勉强坚持收购国内低质高价农产品，城市居民的花费矛盾必然突出，国家财政也吃不消。可见，随着农村市场的对外开放以及农业国际化进程的加快，中国农业传统的生产、经营方式和技术导致的物流不畅、成本过高、农产品质量低劣等落后现状必须改变。而改变这种现状的应急措施和长远战略就是提高农业生产率和建立科学的农业物流体系。

2. 建立现代农业物流体系是建设和完善高效农业社会化服务体系的客观要求

我国农业生产粗放，劳动生产率低下，专业化水平不高，优质产品少，市场化程度不够，农业结构性矛盾突出。其原因是中国农业缺乏高效的服务体系。只有通过物流体系的确立，健全农业服务体系，才能果断地调整产业结构，实行产业化经营。

3. 建立现代农业物流体系，是促进农民重视农业管理和成本核算的驱动力

我国广大农村一直"重生产，轻核算"。农民为能获取经济效益，往往只重视降低生产成本和销售成本，却忽视了物流中潜在的利润。物流不仅具有在企业生产、供应和产品销售领域提高经济运行效率的价值，同时在降低企业生产成本、增加企业盈利、推动企业经营的价值方面也具有显著的意义。许多国家把物流称为"降低成本的宝库"，是"第三个利润的源泉"。随着科技文化素质的提高，农民已经从城市工商业管理中认识到了农业成本核算的重要性，并试图通过发展物流及加强物流管理，来推动农产品市场流通和经济繁荣，促进农村经济的发展和农业现代化的实现。

4. 建立现代农业物流，可以大大降低和分散农业经营风险

我国加入 WTO（世界贸易组织）后，农产品市场竞争加剧，如何使农业减少风险，赢得更多的利润，是农业生产者棘手的问题。此时物流管理在抗御风险方面的作用被广泛关注。例如，种子公司将承担种子发芽不齐的风险，农药公司将承担农药不能发挥作用的风险（在我国可能表现为承担假药的风险），仓储公司将承担鲜活产品的储藏风险，农产品贸易公司将承担市场风险即价格变动的风险等，这样一来就实现了农业生产和农民风险的部分转移。通过农业物流体系的建立，可以促进农产品生产者与其生产资料的供应商、农产品的加工商和销售商形成战略联盟，使众多农民、农业中小企业形成集约化运作，降低物流成本。

5. 现代农业物流体系的建立，可以推动我国农村经济结构调整，促进农村城镇化建设

理论上农业物流体系的创建，在实践中却主要体现为在农村建立物流产业，它属于专门为农业生产服务的农村商品流通企业。由于我国国土面积大，经济发展和物流的关系就显得更为密切，物流产业在我国就变得更加重要。通过建立适应我国农村经济和农业生产的物流体系，或对目前存在于我国农村的相互独立的具有物流特征的企业进行资源重组，将在很大程度上促进支农企业的发展。

（二）农业物流的分类

根据农业物流的管理形式不同，可以将农业物流分为：农业供应物流、农业生产物

流、农业销售物流。

1. 农业供应物流

为保证农业生产不间断进行，保障农村经济发展，供给和补充农村生产所需生产资料的物流。主要是指农业生产资料的采购、运输、储存、装卸搬运。农业生产资料包括种子（种苗、种畜、种禽）、肥料、农药、兽药、饲料、地膜、农机具以及农业生产所需的其他原料、材料、燃料等，包括电力资源和水利资源。

2. 农业生产物流

从动植物和微生物的种养、管理到收获整个过程所形成的物流。包括三个环节：一是种（植）养（殖）物流，包括整地、播种、育苗、移栽等；二是管理物流，即农作物生长过程中的物流活动，包括除草、用药、施肥、浇水、整枝等，或动物的喂养、微生物培养等所形成的物流；三是收获物流，即为了回收生产所得而形成的物流，包括农产品采收、脱粒、晾晒、整理、包装、堆放或动物捕捉等所形成的物流。

3. 农业销售物流

农产品的加工和销售行为所产生的一系列物流活动，包括收购、加工、保鲜、包装、运输、储存、配送、销售等环节。与工业品相比，农产品的特点在于以下四点。一是易腐性。农业产品一般都是生鲜易腐产品，商品寿命期短、保鲜困难。二是笨重性。农产品的单位价值较小，数量品种较多。三是品质差异大。由于对自然条件的可控力不强，农业生产受自然条件影响大，即使按统一标准生产的农业产品质量也会存在一定的差异。四是价格波动大。农产品的价格在一年、一个季节，甚至是一天之内也可能有频繁、大幅度的变动。以上农产品特性给农产品物流管理的储存、运输、包装、装卸搬运、配送等均增加了难度。

（三）农业物流的基本特征

1. 农业物流涉及面广量大

农业物流的流体包括农业生产资料和农业的产出物，基本涵盖了种苗、饲料、肥料、地膜等农用物资和农机具，以及种植业、养殖业、畜牧业和林业等，物流节点多，结构复杂。我国用于生活消费的农产品主要以鲜食鲜销形式为主，在分散的产销地之间要满足消费在不同时空上的需求，使得中国农业物流面临数量和质量上的巨大挑战；现在中国用于生活消费的农产品商品转化比例相对较低，但是以农产品为原料的轻工、纺织和化工业也在我国工业结构占有重要地位。

2. 农业物流具有独立性和专属性

由于流体农业生产资料和农产品的生化特性使得它有别于一般物流的流体，所以农业物流系统及储运条件、技术手段、流通加工和包装方式都具有独立性，而农业物流的设施、设备和运输工具也具有专属性。因此处于起步阶段的中国农业物流所需投入大、发展慢。

3. 保值是中国农业物流发展的核心

由于中国农业物流的发展水平较低，每年农产品在物流和流通环节的损耗巨大，如何运用物流技术使农产品在物流过程中有效保值，这是当前比农业物流增值更为重要的核心问题，减少农产品物流和流通损失应该放在与农业生产等同重要的地位。

二、建立健全农业物流体系

（一）政府大力支持与多渠道开发并举

政府要采取措施，加强农业现代物流所需的基础设施建设，根据各地的自然条件和经济状况，在财政投入上向基础设施建设倾斜，通过各种方式推进农业现代物流的发展。要通过政策引导，对投资农业现代物流建设的企业提供具有吸引力的优惠措施，吸引有实力的企业参与农业现代物流建设，形成多元化农业现代物流建设体系。要通过调整税收政策，充分利用资本市场，促进农业现代物流的发展，鼓励有实力的农业物流企业对小企业进行收购、兼并和资产重组，把物流企业做大做强。

（二）加强农业物流基础设施平台建设

由市场、交通、运输、仓储、库存、装卸、搬运、包装、加工和配送等基础设施设备的硬件构成。它是支撑现代农业物流活动高效、稳定运行及其经济快速发展的基本平台。近年来，河北省与农业物流相关的公路、铁路运输得到了较快发展。除整车运输外，集装箱运输、大型货物运输、特种车运输都取得了较快发展。运输装备得到改善，路况变好、路程缩短，有利于鲜活农产品减少运输损耗，降低农业物流成本。但在现代化仓储设施、专业化农业运输工具、物流机械化设施和交通设施等方面仍须进一步建设和完善。

（三）加快农业物流网络信息平台建设

农业物流网络信息平台以现代软件工程为基础，提取与涉农领域有关的信息，结合信息基础设施与公共应用支持，为农业物流企业及客户提供数据共享服务。农业物流网络信息平台不同于一般涉农企业的物流信息系统，它以整合涉农领域内固有资源为基础，通过行业资源共享，发挥领域内的整体优势，为企业物流信息系统提供涉农基础信息服务，支持农业供应链管理过程中各环节的信息交换，以真正实现物流企业间、企业与客户之间涉农物流信息和涉农物流功能的共享，推动农业专业化生产、集约化加工、企业化管理、一体化经营以及社会化服务。

（四）加快物流技术支撑平台建设

由运输技术、仓储技术、包装技术、信息技术等物流技术创新体系构成。它是实现和完善现代农业物流功能的手段。目前河北省研发和应用农业物流技术的能力较弱。应坚持自主创新与引进开发相结合，研发物流车辆与运输管理技术，大力开发罐装车、冷冻车等专用车辆，推动货车大型化、专用化和集装化；推行 GPS 车辆跟踪定位系统、CVPS 车辆运行线路安排系统，实施车辆计时监控，促使运输管理自动化、科学化。研制开发仓储设备和库存管理技术，大力推广高层自动化货架系统和仓储管理电子信息技术。创新搬运装卸技术装备，采用各式叉车，推广单元化装载。加强包装材料、包装设备和包装方法的研究。着力推行 EDI 电子数据交换技术，运用电脑进行订货管理、库存控制配送中心管理、运输车辆及运行管理，提高信息反馈速度，增强物流供应链的透明度和控制力。

（五）大力发展农业第三方物流

发展专业化的第三方物流企业有利于农业发展，能够降低流通成本，提高农产品的附加值和使用价值，增强农业竞争力。一是尽快培育和发展一批专门为农业生产全程提供物流服务的社会化的第三方企业和组织，使之成为农业现代物流发展的示范者和中小物流企业资源的整合者。第三方物流企业在发展初期可以通过让利或免费体验服务等方式，让农业生产者和经营者增强对第三方物流企业的信心。同时，应根据不同客户要求，有针对性地设计相应的物流解决方案，在降低客户物流成本的基础上开发市场潜力，促进农产品增值效益最大化。二是鼓励农业产业化龙头企业之间，龙头企业与商业、运输、仓储企业间的联合，着力打造一批优势农业物流企业。三是推进传统储运企业、粮食系统企业、供销系统企业、农业系统、农资经销单位向第三方农业物流转变，并积极吸引国外优秀的物流企业加盟，壮大农业第三方物流的规模和实力。

（六）推进农业物流标准化建设

成立全国性的农业物流标准化管理组织，尽快消除物流标准化工作的体制性障碍，加快物流系统、物流环节间的标准组织协调工作。加强物流标准化体系的研究，明确标准化的发展方向和主攻方向，系统规划物流标准化工作，避免计划的盲目性、重复劳动和遗漏。从我国实际出发，积极借鉴国外先进物流标准，制定国内农业物流标准，加快我国与国际物流标准的协调统一，并大力推进与国际接轨的农业物流设施和装备的标准化建设。加强对农业物流标准的实施贯彻和监督管理工作。

三、展望农业物流发展的趋势

（一）信息技术是提升物流作业水平的最重要的工具

通过物流信息系统的广泛应用，可以辅助物流作业，提高物流作业的准确性和生产率；改进业务流程，快速响应市场变化；提供更多的信息，提高客户满意度；促进物流信息合理流动，提高整个供应链系统的合理化水平和社会效益；通过知识挖掘和辅助决策，提高管理决策水平等。总之，物流信息系统可以从多方面为管理服务，提高组织管理水平，提升组织的核心竞争力；信息技术在物流系统中的应用，降低了物流成本，提高了物流系统的运作速度、效率和效益，提升了物流系统的服务质量及服务水平，为物流系统的创新与变革提供基础支撑与推动力，成为提高物流系统生产率和竞争能力的主要来源。

（二）物流会成为国家新的经济增长点

我国经济发展带来一个巨大的潜在物流市场，物流是第三利润源泉，现代物流产业是拉动经济增长的力量源泉，对我国国民经济增长产生新的拉动与支持作用，对我国相关产业发展起到促进和协调作用，对于解决我国经济发展中的难点问题起到关键性作用。目前，我国巨大的经济总量已经产生巨大的货物流量，同时也带来一个巨大的潜在物流市场。

物流与第一产业农业相结合，便成为农业物流业。加入世贸组织后，我国粮食生产比较优势降低，但围绕粮食生产、购销、运输、仓储、加工、配送的粮食物流、农业物流、支农物流却是一个大有前景的服务性产业，有利于新农村建设，解决三农问题。我国物流产业正在迅速兴起，我国物流市场正在加速形成，从整体上来说，这有利于现代物流业成为中国经济发展的重要产业和新的经济增长点。

（三）绿色物流将成为新增长点

物流虽然促进了经济的发展，但是物流的发展同时也会给城市环境带来负面的影响。为此，21世纪对物流提出了新的要求，即绿色物流。

绿色物流主要包含两个方面。一方面是对物流系统污染进行控制，即在物流系统和物流活动的规划与决策中尽量采用对环境污染小的方案，如采用排污量小的货车车型，近距离配送，夜间运货（以减少交通阻塞、节省燃料和降低排放）等。发达国家政府倡导绿色物流的对策是在污染发生源、交通量、交通流等三个方面制定了相关政策。绿色物流的另一方面就是建立工业和生活废料处理的物流系统。

▶ 第五章 农业经济核算及效益评价

第一节 农业经济核算

一、农业中的成本与效益

(一) 农业成本效益的基本范畴

1. 农业生产总成本

农业生产总成本是反映一个地区或一个部门农业生产综合效益的指标,是农业企业或单位为生产一定种类和数量的产品,或提供劳务所发生的各项生产费用。产品成本是会计核算的核心内容,搞好成本核算,对于加强成本管理、提高经济效益具有重要意义。

2. 单位农产品成本

单位农产品成本即生产单位农产品所发生的各项费用,也是农业生产总成本与产品产量之比。其计算公式为:

$$单位农产品成本 = \frac{农产品总成本}{农产品数量} \qquad (5-1)$$

可见,单位农产品成本的高低取决于农产品总成本与农产品总产量两个因素,与总成本成正比,与总产量成反比。

单位农产品成本能反映增产与节约两方面的经济效果,是考核产品成本水平的重要指标。

3. 个别成本

农产品的个别成本是指个别农业企业或基本核算单位的产品成本,反映的是个别企业或单位生产某种农产品所耗费的物化劳动和活劳动总量。计算个别成本并对个别成本及其构成进行动态分析,可以找出成本升降的原因,有利于改善经营管理或采取相应的经济技术措施,促进增产增收。

4. 社会成本

农产品的社会成本是指一个经济区域的社会水平的成本，反映的是该区域内生产某种农产品所耗费的物化劳动和活劳动的社会必要水平，通过个别成本和社会成本的对比，可以找出个别农业企业或基本核算单位在成本管理方面的差距。

5. 效益

即效果和利益，它有经济效益与社会效益、微观效益与宏观效益、技术经济效益与社会经济效益、生态效益与综合效益之分。

经济效益是指劳动占用与消耗量同劳动成果的比较，即投入同产出的比较。

社会主义生产的目的，是要保证最大限度地满足社会及其成员日益增长的物质和文化的需要。因此，讲经济效益就是要以尽量少的活劳动消耗和物质消耗，生产出更多符合社会需要的产品。

6. 成本效益

成本效益是指一定量的成本所带来的经济效果和利益。它能反映出计入产品成本的费用与产品所带来的效益的关系。

（二）农业生产成本分析

成本分析是根据有关成本的各种资料，运用专门的方法，对影响成本变动的各因素及其影响程度进行的分析。通过成本分析，可以了解成本升降的情况，认识和掌握成本变动的规律，加强成本管理；可以对成本计划的执行情况进行有效控制，对执行结果进行评价；可以为编制成本计划和经营决策提供依据；也可为将来成本管理工作指明努力的方向。

成本分析的主要目的是为了改进企业的经营管理，节约生产耗费，降低成本，提高经济效益。成本分析分为成本预测分析、成本控制分析和成本总结分析三种。这三种分析是在不同时段进行的，分别属于事前、事中和事后分析。

1. 成本预测分析

成本预测分析是指在编制成本计划前，对成本的变动趋势进行预测，然后再根据预测的资料编制成本计划。成本预测最简单的方法是高低点法。

高低点法就是从企业历史的成本资料中，找出产量和总成本最高的年份（高点）和最低的年份（低点），计算产量和成本的差异数，然后运用直线公式进行预测。总成本可用下列公式来表示：

$$y = a + bx \qquad\qquad (5\text{-}2)$$

式中：y——总成本；

a——固定成本；

b——单位变动成本；

x——总产量。

$$b = \frac{\Delta y}{\Delta x} \qquad (5-3)$$

将 b 值代入 $y = a + bx$，求出 a 值，再把 a、b 值代入 $y = a + bx$ 公式，即可预测出任何计划总产量的对应总成本。

2. 生产过程中的成本控制分析

生产过程中的成本控制分析就是对生产过程中的物化劳动消耗和活劳动消耗加以控制，经常检查成本计划的执行情况，分析成本变动的原因。其主要分析方法是成本差异分析，其分析根据以下公式进行：

$$价格差异 = （实际价格 - 标准价格） \times 实际数量 \qquad (5-4)$$

或

$$价格差异 = 材料价格差异 + 单位报酬差异 + 单位间接费用差异 \qquad (5-5)$$

$$数量差异 = （实际数量 - 标准数量） \times 标准价格 \qquad (5-6)$$

或

$$数量差异 = 材料耗用数量差异 + 人工效率差异 + 间接费用效率差异 \qquad (5-7)$$

$$总成本差异 = 价格差异 + 数量差异 \qquad (5-8)$$

通过计算，可以发现差异的有无，若有差异，分析是有利差异还是不利差异。对有利差异要使其继续发展，对不利差异应及时采取措施消除，使成本控制计划顺利完成。

3. 成本总结分析

成本总结分析是在计算出产品成本以后，对产品成本计划完成情况及有关的经济效果进行考核，分析成本升降的原因。分析内容包括：成本计划完成情况分析，影响产品成本升降因素的分析，成本水平分析和成本构成分析。

（1）成本计划完成情况分析

成本计划完成情况分析有三个方面。

①全部产品总成本计划完成情况分析，有关指标如下：

$$全部产品总成本计划完成率 = \frac{实际总成本}{计划总成本} \times 100\% \qquad (5-9)$$

$$全部产品总成本降低额 = 全部产品计划总成本 - 全部产品实际总成本 \qquad (5-10)$$

$$全部产品总成本降低率 = \frac{全部产品总成本降低额}{全部计划总成本} \times 100\% \qquad (5\text{-}11)$$

②可比产品成本降低任务完成情况分析，主要分析指标有：

可比产品成本计划降低额

= （可比产品计划产量×上年实际平均单位成本）

– （可比产品计划产量×计划单位成本）

$$= 可比产品计划产量 \times （上年实际平均单位成本–计划单位成本） \qquad (5\text{-}12)$$

$$可比产品成本降低率 = \frac{可比产品成本计划降低额}{可比产品计划量 \times 上年实际平均单位成本} \times 100\% \quad (5\text{-}13)$$

可比产品成本实际降低额=可比产品实际产量×（上年实际平均单位成本–本年实际单位成本）

$$\qquad (5\text{-}14)$$

可比产品成本实际降低率

$$= \frac{可比产品成本计划降低额}{可比产品实际产量 \times 上年实际平均单位成本} \times 100\% \qquad (5\text{-}15)$$

③主要产品单位成本分析，一般采用主要产品成本计划完成率这一指标进行，计算公式为：

$$主要产品成本计划完成率 = \frac{实际单位成本}{计划单位成本} \times 100\% \qquad (5\text{-}16)$$

（2）影响产品成本升降因素分析

影响产品成本的因素很多，在分析时，通常假设一个因素变动，而其他因素不变，分析某因素变化对单位成本的影响。例如，农作物单位成本受单位面积成本和单位面积产量两个因素的影响。先假定单位面积产量不变，用实际单位面积产量和计划单位面积成本计算的单位成本与实际单位成本比较，分析单位面积成本变动对产品单位成本的影响程度。然后再假定单位面积成本不变，用实际单位面积产量和计划单位面积成本计算的单位成本与计划单位成本比较，分析单位面积产量变动对产品单位成本的影响程度。

（3）成本水平分析和成本构成分析

成本水平分析可分为成本水平静态分析和成本水平动态分析。成本水平静态分析是指同一时间不同单位或部门之间的成本水平对比分析；成本水平动态分析是指同一单位不同时间的成本水平对比分析。如农产品成本指数就是通过报告期农产品成本与基期农产品成本对比而得到的比值。成本构成分析是对成本中某一成本项目占总成本比重的分析。它也可以分为成本构成静态分析和成本构成动态分析。成本构成静态分析是指同一时间不同单位或部门之间的成本构成因素变动情况的对比分析。成本构成动态分析是指同一单位不同时间的成本构成因素变动情况的对比分析。通过成本构成的分析可以看出每一成本项目对总成本的影响程度，也可以找到降低成本的着手点。

（三）农业经济效益

农业经济效益是农业生产和再生产过程中劳动消耗和劳动占用与有用劳动成果的比较，也可以说是农业生产和再生产过程中投入与产出的比较。农业经济活动最终的目的就是要通过各种农业生产要素的投入和农业生产力的合理组织，获得更多的农业成果，获取更高的经济效益。如果以等量投入获得了较以前更多的产出，或是等量产出，所需投入较以前减少，都可以说是经济效益提高了。农业经济效益可以用绝对数表示，也可以用相对数表示，表达式为：

$$经济效益 = 产出 - 投入 \tag{5-17}$$

或

$$经济效益 = \frac{产出}{投入} \tag{5-18}$$

指标值大，说明经济效益好；指标值小，说明经济效益差。但这种指标值大或小都不是绝对的，而是相对的。只有同原来的基础相比较，或进行横向或纵向的比较，才能判断经济效益是否提高。指标值比原来大，是正效益，说明经济效益提高了；指标值比原来小，是负效益，说明经济效益降低了。在农业生产中，正效益和负效益可以互相转化。农业中有些新技术、新措施，在开始时可能是正效益，但经过一段时间后，它可能出现负效益；也有时相反，即在新技术、新措施刚被采用时是负效益，但经过一段时间后，可能出现正效益。

农业经济效益的制约因素主要有自然环境、科学技术、农业投入、农业生产结构和农业经营规模五个方面。

1. 自然环境

农业生产过程是自然再生产过程和经济再生产过程相交织的过程。农业生产的对象是有生命的生物，生物生长同自然环境有着十分密切的关系。自然环境适合生物的生长，农业产量就高，农业经济效益就高；自然环境不适合生物生长，农业产量就低，农业经济效益就差。

2. 科学技术

科学技术是第一生产力，农业经济中科技含量的高低决定着农业经济效益的好坏。劳动者将科学技术运用于生产过程，作用于劳动资料和劳动对象，就会大大提高劳动生产率，提高产品的质量和产量，最终节省单位农产品的投入或增加单位投入的产出。特别是

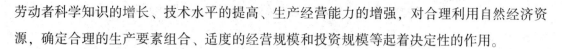

劳动者科学知识的增长、技术水平的提高、生产经营能力的增强，对合理利用自然经济资源，确定合理的生产要素组合、适度的经营规模和投资规模等起着决定性的作用。

3. 农业投入

农业投入是影响农业生产经济效益的主观因素。在农业生产中，增加任何一种投入都可以使产量得到提高，应该加大农业投入，但我们又不能一味地增加农业投入。在其他投入不变的情况下，连续追加某一种投入的数量会导致边际报酬递减。追加投入可以增加收益，也一定会增加成本，如果因追加投入而增加的单位成本小于因追加投入而增加的单位收益，说明产生了正效益；如果因追加投入而增加的单位成本大于因追加投入而增加的单位收益，说明产生了负效益。在实践中，应根据边际收益递减规律，使投入掌握在一定的限度内，保证投入后能真正提高经济效益。

4. 农业生产结构

农业生产结构对农业生产经济效益的影响有两面性，合理的农业生产结构能对农业生产经济效益产生正面影响，农业生产结构不合理将给农业生产经济效益带来负面影响。合理的农业生产结构，一方面，能够合理利用当地的自然资源和经济资源，充分发挥当地的资源优势，提高农业生产的转化效率，最终提高经济效益；另一方面，能够保持各种农产品供给和需求的平衡状态，也能稳定农产品的价格，使农业增产增收，还可以避免因农业生产的大幅度波动而造成的损失，从而提高农业的经济效益。因此，应适时调整农业生产结构，使其处于相对合理的状态，最大限度地提高农业生产的经济效益。

5. 农业经营规模

在一定的生产力水平条件下，农业经营规模不同，劳动者与劳动资料和劳动对象的结合程度不同。三要素结合得越好，生产力要素的利用越充分，经济效益就越高。相反，经济效益就越差。

从农业经济效益的制约因素我们可以清楚地看到，要提高农业经济效益，应该因地制宜，充分合理地利用当地的自然经济资源，不断地提高农业劳动生产率，降低劳动消耗，确定适度的经营规模和优化产业结构，在有限的条件下，最大限度地实现资源的合理配置，做到人尽其才、地尽其力、物尽其用。

二、农业经济核算

（一）农业经济核算基本原理

农业经济核算涉及面广，操作较复杂，意义深远、重大，应加大工作力度。这就要求了解进行农业经济核算的重要性，掌握经济核算的基础理论和相关知识，熟悉农业经济核算的内容和方法等。

1. 农业经济核算的意义

农业经济核算是对农业生产经营过程中的物化劳动及活劳动的消耗和经营成果所做的记载、计算、分析和比较的一种经济管理方法，其目的在于达到保证以较少的劳动消耗取得较大的生产经营成果。在社会主义市场经济条件下，农业实行经济核算具有重要的现实意义，主要表现在：①实行经济核算才能明确生产单位和整个社会的生产消耗情况和最终成果，找出盈亏原因，为寻找增产节约途径提供依据；②实行经济核算才能为国家制定宏观的农业政策，确定投资方向，调整产业结构、生产结构和为作物布局提供可靠的依据；③实行经济核算才能正确地计算经营成果，明确经济责任，赏罚分明，充分体现多付出多得、少付出少得、不付出不得的分配原则，杜绝平均主义，避免产生干好干坏都一样的问题；④实行经济核算能够更好地保护公有财产，防止公有财产流失和浪费。过去的经验表明，如果不重视经济核算，经济工作就抓不上去，经济建设就遭受损失。重视经济核算，把企业的经营成果与企业领导和劳动者的物质利益直接联系起来，就能调动企业和劳动者的积极性和创造性，实现增产节约、提高经济效益的目标。

2. 农业经济核算的内容和方法

（1）农业经济核算的内容

农业生产经营中经济核算的内容主要包括成本核算、资金核算和盈利核算三方面。

农业成本核算是对农产品的生产过程中所消耗的活劳动和生产资料费用的核算，主要是通过计算各种农产品总成本和单位成本来反映农业生产经营过程中活劳动和物化劳动的消耗，揭示农产品成本升降的原因，寻求降低成本的措施。

农业资金的核算是对固定资金和流动资金的核算。固定资金的核算主要是反映固定资金利用情况，以寻求提高固定资金利用率的途径。流动资金的核算主要是反映流动资金周转情况，以便尽可能地缩短资金在生产和流通领域的周转时间，提高周转速度。

农业盈利的核算是对利润额和利润率的核算，盈利的多少是衡量农业生产经营成果的重要指标。通过盈利的核算，可以考核农业的生产经营成果，促使农业不断降低成本，减少资金占用，加速资金周转，增加盈利。

（2）农业经济核算的方法

农业经济核算的基本方法包括会计核算、统计核算和业务核算。会计核算是用货币形式对企业的生产过程进行全面系统的记载、计算、对比、总结和分析。统计核算是运用货币、实物和时间等量度指标，对企业的经济现象进行计算和分析，反映企业和社会的经济活动。业务核算是对企业和个别作业环节进行核算。三种方法并不是相互独立的，实际中只有把三种方法结合起来，才能全面地反映企业的状况，更好地发挥经济核算的作用。但在一个企业或单位中应更注重会计核算，因为会计核算最为重要。

（二）农业成本核算

1. 农产品成本核算的意义

农产品成本是指为生产农产品所消耗的物化劳动价值和活劳动报酬支出的总和。农产品成本是一项重要的综合性指标。劳动生产率的高低、原材料和机器设备的利用程度，以及经营管理水平等，都会通过成本指标反映出来。成本降低，意味着活劳动和物化劳动消耗的节约。单位农产品成本是指生产每一单位农产品所消耗的物化劳动价值和活劳动报酬支出的总和，某种农产品的单位成本是该种农产品成本与该种农产品总产量的比值。可见，单位农产品成本的高低既取决于农产品的产量，又取决于农产品成本。从这个意义上说，降低单位农产品成本就意味着企业以同样的物化劳动和活劳动的消耗，生产出更多的农产品。通过成本核算，可以对各种生产消耗进行控制和监督，促进企业或核算单位人、财、物的节约，降低成本，增加盈利，也可为国家制定农产品价格政策等提供依据。可见，搞好农产品成本核算，对提高农业企业或基本核算单位的管理水平，实现增产节约，加强国家对农业生产的宏观领导和调控都有十分重要的意义。

2. 农产品成本费用项目构成

要正确地核算农产品的成本，就应明确农产品成本由哪些费用项目构成。不同的农产品其成本费用的构成项目是不同的，但都包括以下几个方面的内容。

（1）直接生产资料费用

直接生产资料费用是指在生产过程中直接耗费的生产资料，如种子、肥料、农药、燃料、动力、饲料、其他辅助材料等费用。

（2）直接人工费用

直接人工费用是指直接参加农产品生产人员的工资、奖金、津贴等以及按规定计提的职工福利费。

（3）间接生产费用

间接生产费用是指为组织和管理生产活动而发生的各项费用，包括办公用品费、差旅费、管理人员的工资、福利费、固定资产的折旧费、机务料消耗、低值易耗品摊销、租赁费、土地开发费摊销、水电费、保险费、机械作业费、排灌费、季节性和修理期间的停工损失、取暖费及其他间接费。

明确了成本项目构成，就可以进行成本分析，考核各种消耗定额的执行情况，找出农产品成本升降的原因，采取相应的措施加以解决。

3. 农产品成本核算的要求

为了达到成本核算的目的，发挥成本核算的作用，在进行农产品核算时，必须做好以下工作，以确保成本全面、真实、合理、准确。

（1）做好成本核算的基础工作

做好成本核算的基础工作，就是要建立健全各种原始记录和制度，如健全原始记录，建立定额制度，严格执行物资的计量、收发和盘存制度等。只有成本核算的基础工作做好了才能为核算各种消耗、分摊各项费用奠定基础，提供可靠的依据。

（2）正确划分成本费用的界限

在农产品成本核算时，应严格划分成本费用的界限。

首先，应正确划分成本费用和期间费用的界限。凡是为生产产品所发生的一切费用，都必须计入产品成本，与产品生产无关的费用支出不能计入产品成本。只与某种产品生产有关的费用可直接计入某种产品的成本；与几种产品生产有关的费用如排灌费、管理费等应采用一定的方法分摊计入产品成本。

其次，应正确划分不同时期成本费用的界限。凡属于应由本期产品承担的成本费用，都应该计入本期产品的成本，凡不属于应由本期产品承担的成本费用都不能计入本期产品的成本。

再次，应正确划分完工产品的成本费用和在产品的成本费用。凡应由完工产品承担的成本费用，都必须计入完工产品的成本，凡不应由完工产品承担的成本费用均不得计入产品成本。

最后，应正确划分不同产品之间成本费用的界限。该由本产品承担的成本费用，都应该计入本产品成本，不该计入本产品成本的费用，不得计入本产品成本。

（3）正确核算人工费用

人工费用的多少取决于活劳动的消耗量和活劳动的工值，因此要准确核算人工费用既要正确计算活劳动的消耗量，又要正确确定活劳动的工值。

活劳动的消耗量一般按标准劳动日计算。通常把一个中等劳动力工作八小时定为一个标准劳动日。平时只登记每个劳动力从事产品生产的实际劳动时间，期终再折算为标准劳动日，折算时按下面公式进行：

标准劳动日 = 劳动时间 ÷ 8 × 折算系数（注：折算系数根据各个劳动者的实际劳动能力确定，如一个中等劳动力的折算系数是1，上等劳动力的折算系数定为1.2或1.5等，下等劳动力的折算系数定为 0.8 等）。计入产品成本的活劳动消耗量包括直接用工和应分摊的间接用工两部分。

劳动工值的确定以劳动力再生产所必需的生活费用为计算标准。劳动力再生产所必需的生活费是指在衣、食、住、燃料、各种用品、文教卫生及其他方面的总支出。标准劳动日值的计算可用公式表示为：

$$标准劳动日值 = \frac{全年必须生活费用支出总计}{全年所做标准劳动日数总计} \qquad (5-19)$$

4. 农产品成本核算的方法

这里所指的农业是广义的农业，包括农、林、牧、渔业，由于各行业生产各有特点，农产品成本项目构成不尽相同，因而各行业成本核算的方法也不同。

（1）农作物产品成本核算

核算农作物产品成本，首先明确成本核算对象，然后进行费用的核算，最后计算农产品成本。

第一，各项成本费用的核算。构成农作物产品成本的费用共有 10 项，各项费用记入作物成本的方法有 10 种。

①人工费用

用各作物的用工量（即标准劳动日）乘以标准劳动日值，计算计入各作物成本的人工费用。

$$某作物人工费用 = 该作物的标准劳动日 \times 标准劳动日值 \qquad (5-20)$$

②种子费

用各作物的实际用种量乘以种子的单价计算计入各作物成本的种子费。外购种子按买价加上运杂费、途中的合理损耗、税金及入库前的挑选整理费计价；自产自用种子按国家规定的价格计价。

③肥料费

外购的肥料按实际买价加上运杂费计价；自产自用的绿肥按市价计价；农家肥按有关部门统一的价格或估价计价。

④农药费

外购的农药按采购价、途中的合理损耗和运杂费计价；自产的按市价计价。

⑤机械作业费

外单位代为耕作的，如果只是某一种农作物，按实际支付的作业报酬计算；如果是多种作物，先按实际支付的作业报酬记录，然后，根据各作物的实际作业量计算应分摊的机械作业费；自有机械进行耕作的，应按同类作业市价先计算出单位面积成本，然后按各作物的实际机械作业量计算应摊的机械作业费。公式如下：

$$机械作业单位面积成本 = \frac{机械作业费总额}{全年机械作业完成标准单位面积} \tag{5-21}$$

$$某作物应摊机械作业费 = 该作物机械作业标准单位面积 \times 机械作业单位面积成本 \tag{5-22}$$

⑥排灌作业费

支付给水电部门的生产水电费，按实际支付数计入各作物成本；自有排灌设备发全的费用，核算方法同机械作业费的类似，只是作业量的单位变为单位面积数。

⑦畜力作业费

指各作物在成本核算期内使用役畜从事田间作业和运输的费用，如果是外雇畜力，按实际支出计算；如果是自己拥有的畜力，则应按实际费用计算，包括饲草和饲料费、固定资产折旧费、修理费、役畜医药费和其他相关支出。畜力作业费的计算通过以下公式进行：

$$畜工作日成本 = \frac{畜力作业费成本总额}{畜标准工作日总数} \tag{5-23}$$

$$某作物应摊的畜力作业费 = 为该作物完成的工作量（畜标准工作日） \times 畜工作日成本 \tag{5-24}$$

上式中，畜标准工作日是以一种役畜为标准，根据役畜的劳动效率折合的，不同地区折合办法不一致，可以以当地主要役畜作为基准来折合。

⑧其他直接费

指以上几项没有包括的直接费用。

⑨农业共同费

农作物生产过程中，各作物共同受益的费用支出。如生产用固定资产折旧费和修理费等。对于农业共同费用，应先核算出当年应计入成本的各项费用总额，然后按一定的标准在各受益作物之间进行分摊。

⑩管理费和其他支出

按实际开支金额和一定的分摊标准分别计入各作物的成本。

第二，产品成本的计算。各项费用核算出来以后，就可以结合各作物的面积和产量计算产品成本了。每一作物一般都须计算总成本、单位面积成本和单位产品成本三个指标。这三个指标的计算公式为：

$$某作物总成本 = 直接生产资料费用 + 直接人工费用 + 间接生产费用 \tag{5-25}$$

$$某作物单位面积成本 = \frac{某作物总成本}{某作物播种面积} \tag{5-26}$$

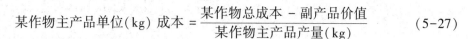

$$某作物主产品单位（kg）成本 = \frac{某作物总成本 - 副产品价值}{某作物主产品产量（kg）} \quad (5-27)$$

（2）畜禽产品成本核算

第一，生产费用的核算。畜禽饲养的生产费用包括人工费用、饲料饲草费、燃料动力费、固定资产折旧费及修理费、其他费用。各项费用的核算方法有以下方面。

①人工费用

畜禽饲养的人工费用是在畜饲养过程中的全部劳动报酬。从数量上看，是总用工量（折合的标准工作日）乘以工日单价而得的乘积。其中总用工量包括直接用工和间接用工两部分。直接用工包括饲养、放牧、捡蛋、挤奶、剪毛等用工，这些用工可以直接计入有关产品成本；间接用工包括饲料调制、用具修理以及管理用工。如只饲养一种畜禽，间接用工也可直接计入产品成本；若饲养两种以上畜禽，间接用工可按各畜群收入或直接用工的比例分摊。某种畜商的直接用工加上应分摊的间接用工就是总用工量。工日单价仍可采用劳动力再生产必需的生活费用调查的工值计算。

②饲料饲草费

是指在畜禽饲养过程中消耗的全部饲料饲草的价值。外购的按买价加上运杂费、途中的合理损耗和相关的税金计算；自产的按实际成本或国家牌价计算。

③燃料动力费

指粉碎和蒸煮饲料、雏鸡孵化及畜禽舍内取暖等耗用的燃料和电力费用，应按实际支出的金额计算。若生产多种畜禽应对此项费用进行分摊。

④固定资产折旧及修理费

指畜禽、禽笼等饲养专用设备的折旧费和修理费。

⑤其他费用

指畜禽的医药费、饲养工具的购置费、管理费和其他支出。对能直接计入某种畜禽（群）成本的费用，直接计入畜禽（群）成本；对不能直接计入畜禽（群）成本的间接费用，应按各畜群用工比例分摊。

第二，畜禽产品成本计算。畜禽产品的成本主要用以下指标计算：

$$畜禽产品单位成本 = \frac{生产总成本 - 副产品价值}{产品产量} \quad (5-28)$$

$$某畜禽（群）增重单位成本 = \frac{该畜禽（群）饲养费用 - 副产品价值}{该畜禽（群）增重量} \quad (5-29)$$

该畜禽（群）增重量=期末存栏活重+本期畜禽群活重（包括死畜禽重量）
-期初结存及期内购入和转入的活重 $\quad (5-30)$

$$某畜禽（群）活重单位成本 =$$

$$\frac{期初活重总成本 + 本期增重总成本 + 购入转入总成本 - 副产品价值 - 死畜禽残值}{该畜禽(群)活重量}$$

(5-31)

第三，林业产品成本核算

①生产费用的核算

林业生产费用的核算比照农业生产费用的核算进行。

②产品成本计算

果、桑、茶、胶等经济林是多年生长期作物，一般都要经过育苗、幼林抚育管理、投产提供产品三个阶段。各阶段的成本计算公式有以下四点。

第一，育苗阶段：

$$起苗前单位面积苗圃成本 = \frac{苗圃全部生产费用 - 副产品价值}{苗圃面积}$$

(5-32)

$$每株树苗成本 = \frac{(起苗面积 \times 单位面积苗圃成本) + 起苗费用}{起苗总株数}$$

(5-33)

第二，幼林抚育管理阶段：

$$每年单位面积幼林成本 = \frac{当年应负担的全部费用}{抚育管理面积}$$

(5-34)

第三，成林投产提供产品阶段：

$$单位主产品成本 = \frac{该产品当年应负担的生产费用 - 副产品价值}{生产品总量}$$

(5-35)

第四，渔业产品成本核算

①生产费用的核算

渔业生产分为人工养殖和天然捕捞两种，其成本核算对象包括成鱼和鱼苗两种。成鱼成本应包括苗种费或幼鱼成本、饵料费、人工费、燃料动力费、折旧与摊销费、修理费和其他费用。鱼苗或幼鱼成本包括鱼苗或幼鱼培养过程中的全部费用。

②产品成本计算

人工养殖的，反映渔业产品成本的主要指标有成鱼单位成本和鱼苗单位成本。其计算公式为：

$$成鱼单位成本 = \frac{\begin{array}{c}上年结转鱼池的全部费用 + 全年转入鱼池的育苗或幼苗的成本\\ + 全年成鱼池的全部费用\end{array}}{成鱼总产量}$$

(5-36)

$$鱼苗单位成本 = \frac{该产品当年应负担的生产费用 - 副产品价值}{成本总产量}$$

(5-37)

对于天然捕捞的成本计算，当年的全部捕捞费用全都计入当年捕捞的产品成本，必要时可按计划成本或销售价格的比例在不同产品之间分摊。

（三）农业资金的核算

1. 农业资金的分类

农业资金是农业生产建设过程中所占用的各种财产物资的价值以及货币价值的总和。农业资金按不同的标准有不同的分类，具体分类有以下方面。

农业资金按来源不同可分为自有资金和外来资金两类。自有资金主要来自农业的积累、农户的非农副业收入和乡镇企业的以工补农、以工建农资金。外来资金主要指社会集资、引进的国外资金、国家下拨的资金或其他单位援助的资金、向银行、信用社或其他单位、个人的借款以及结算中的应付暂收款。农业应以自有资金为主，充分利用自有资金，同时，要善于运用外来资金，以促进农业生产的发展。

农业资金按用途不同，可分为基本建设资金、经营资金和专用基金三大类。基本建设资金是用于固定资产或扩大再生产的资金。如购置机器设备、牲畜农具、建造厂房、兴修水利等。经营资金是指用于日常生产经营活动的资金。专用基金是指除基本建设资金和经营资金以外，具有特定来源和专门用途的资金。如公益金、职工福利基金和折旧基金等。

农业资金按其流动性不同，分为固定资金和流动资金。固定资金是指垫支在主要劳动资料上的资金，其实物形态是固定资产。固定资金是农业资金构成的重要组成部分，农业生产能力的大小，通常是由拥有固定资产的多少以及它的技术状况和先进程度所决定。固定资产的特点是单位价值较大，使用时间较长，多次参与生产过程，不改变原来的实物形态，其价值随着损耗逐步地转移到产品成本费用中去，并从产品销售收入中得到补偿。流动资金是垫支在劳动对象上的资金和用于支付劳动报酬及其他费用的资金。其特点是只参加一个生产过程即消耗掉，其价值一次转移到成本中去，并从销售收入中一次性得到补偿。

2. 固定资金核算

固定资金核算的主要内容有两项：一是固定资产折旧的核算；二是固定资金利用效果的核算。

（1）固定资产折旧的核算

固定资产在生产过程中，由于损耗而转移的价值称为折旧。通过折旧提取的货币资金，用于将来固定资产的更新改造，在未用之前就形成一种基金，这种基金称为折旧基金。折旧基金是农业自有资金的重要来源。加强对折旧的管理，可以正确地计算产品成本，实现生产设备及时更新换代，提高农业的技术装备水平。

固定资产折旧的计算方法，主要有使用年限法和工作量法。但在实际工作中，固定资产折旧额是根据事先规定的折旧率计算的。其计算公式为：

$$某项固定资产年折旧额 = 该项固定资产原值 \times 年折旧率 \qquad (5-38)$$

$$某项固定资产的月折旧额 = 该项固定资产原值 \times 月折旧率 \qquad (5-39)$$

或

$$某项固定资产的月折旧额 = 该项固定资产的年折旧额 \div 12 \qquad (5-40)$$

固定资产折旧率根据计算对象所包括的范围不同，可分为个别折旧率、分类折旧率和综合折旧率。个别折旧率是按每项固定资产分别计算的折旧率；分类折旧率是按每类固定资产分别核算的折旧率；综合折旧率是按全部固定资产计算的折旧率。

（2）固定资金利用效果的核算

反映固定资金利用效果的指标有两类：一类是单项的技术经济指标；另一类是综合性的价值指标。但要全面反映固定资金的利用情况，必须运用综合性的价值指标。反映固定资金的利用情况的综合性价值指标，主要有固定资金产值率和固定资金利润率。

①固定资金产值率

固定资金产值率是企业在一定时间内所完成的总产值同固定资产平均占用额的比率，通常以每百元固定资金所提供的产值来表示。每百元固定资金提供的产值越多，说明固定资金的利用效果越好。

②固定资金利润率

固定资金利润率是指企业在一定时期内所实现的利润总额同固定资金平均占用额的比率，一般以每百元固定资金所提供的利润来表示。每百元固定资金所提供的利润越多，说明固定资金的利用效果越好。

3. 流动资金的核算

流动资金核算的主要内容是流动资金周转率、流动资金产值率和流动资金利润率。

（1）流动资金周转率

流动资金周转率反映流动资金的周转速度，通常用年周转次数或周转一次所需天数表示，其计算公式为：

$$流动资金周转次数 = \frac{年销售收入总额}{年流动资金平均占用额} \qquad (5-41)$$

$$流动资金周转一次所需天数 = \frac{1}{流动资金年周转次数} \times 360 \qquad (5-42)$$

或

$$流动资金周转一次所需天数 = \frac{年流动资金平均占用额}{年销售收入总额} \times 360 \qquad (5-43)$$

在生产规模等因素确定的条件下，流动资金周转越快，需要的流动资金越少；流动资金周转越慢，需要的流动资金越多。加快流动资金周转，可以利用现有的流动资金为更大的生产规模服务，加速生产的发展。

（2）流动资金产值率

流动资金产值率是反映流动资金使用效果的指标，通常用每百元流动资金提供的产值表示。其计算公式为：

$$每百元流动资金产值 = \frac{年总产值}{年流动资金平均占用额} \times 100 \qquad (5-44)$$

每百元流动资金提供的产值越多，说明流动资金利用的效果越好。

（3）流动资金利润率

流动资金利润率是指企业在一定时期内所实现的利润总额同流动资金平均占用额的比率，通常用每百元流动资金所实现的利润表示。其计算公式为：

$$每百元流动资金所实现的利润 = \frac{利润总额}{年流动资金平均占用额} \times 100 \qquad (5-45)$$

流动资金利润率越高，流动资金利用效果越好；反之，流动资金利用效果越差。企业应该想方设法加速流动资金的周转。

（四）农业盈利的核算

农业盈利是指农业收入扣除成本、费用和支出后的剩余部分，其实质就是利润总额，因此，盈利的核算就是利润的核算。利润的核算是农业经济核算的又一重要内容，它包括利润额的核算和利润率的核算。

利润额是利润的绝对量，用公式表示为：

$$利润总额 = 营业利润 + 补贴收入 + 营业外收支净额 + 投资收益 \qquad (5-46)$$

利润额只能说明利润量的多少，不能反映利润水平的高低。因为利润额的多少，不仅取决于生产经营的成果，而且还取决于生产规模，所以在考核利润情况时，还要考核利润率。利润率可分别用企业的利润额与成本、产值和资金进行对比，以便从不同角度反映企业的利润水平。

1. 成本利润率

成本利润率是指企业一年中的利润总额与产品成本总额的比率。用公式表示为：

$$成本利润率 = \frac{年利润总额}{产品成本总额} \times 100\% \qquad (5-47)$$

这一指标说明投入 1 元成本能创造利润的多少。促使企业以最少的消耗，创造尽可能多的物质财富。

2. 产值利润率

产值利润率是企业的年利润总额与年生产总值的比率。用公式表示为：

$$产值利润率 = \frac{年利润总额}{年总产值} \times 100\% \qquad (5-48)$$

该指标说明每 1 元产值能实现利润的多少。指标值越大越好。

3. 资金利润率

资金利润率是企业年利润总额与年占用资金总额的比率。用公式表示为：

$$资金利润率 = \frac{年利润总额}{年占用资金总额} \times 100\% \qquad (5-49)$$

该指标说明企业占用 1 元资金，能创造多少利润。能够全面地反映企业资金利用的效果，有利于促使企业更合理有效地使用全部资金。

第二节　农业经济效益评价

一、农业经济效益评价概述

（一）农业经济效益评价的基本原理

1. 农业经济效益评价的概念

农业经济效益评价就是对同一技术方案在不同地区、不同生产单位和不同年份的技术经济效果，或不同技术方案在同一生产经营条件下的技术经济效果所进行的计算、比较和分析。

2. 农业经济效益评价的原则

农业生产是自然再生产和经济再生产相互交织的过程。评价农业经济效益必须充分考虑农业生产特点，并遵循以下原则。

（1）价值与使用价值统一的原则

讲求价值与使用价值的统一，是社会主义经济效益评价的基本原则。社会主义生产的目的是满足人们不断增长的物质和文化生活的需要。农业生产的目的是为社会提供尽可能多的使用价值，以满足社会对农产品的需要。同时，社会主义生产又是商品生产，需要讲求盈利性，盈利是维持和扩大再生产、改善和提高农民生活水平的源泉，因此，必须从增产和增收两个方面来评价农业经济效益。如果只强调使用价值而忽视价值，就可能造成增产不增收，甚至增产减收的不正常现象；如果只强调价值而忽视使用价值，就会出现不顾社会需求，一味扩大盈利高的农产品的生产，减少盈利低的农产品的生产，使有些生活必需品的需求得不到满足。因此，对两者必须统一评价。

（2）经济效益、社会效益和生态效益统一的原则

保持农业生态系统的良性循环，是农业实现高产稳产的重要基础。如果片面追求经济效益，不顾实际情况，掠夺经营、乱砍滥伐，就会造成土壤肥力下降、自然资源萎缩、破坏生态环境等，引起不良的社会后果，达不到最终提高经济效益的目的。经济效益、社会效益和生态效益三者之间的关系是非常密切的，要充分发挥三者相互促进的作用。

（3）技术效益和经济效益统一的原则

技术效益是应用于物质生产的技术能够从其质和量上满足要求的程度，是形成经济效益的基础。但并不是所有技术的运用都能带来经济效益，只有在自然条件和经济条件都能满足农业技术要求时，技术措施才显示出经济效益，否则，可能生产上不可行或经济上不合理。因此，在评价农业经济效益时，要考虑两者的统一。

（4）当前经济效益与长远经济效益统一的原则

这是由农业生产的特点决定的，农业生产中的投入，有的当年见效，有的要在若干年后才能见效。在评价农业经济效益时，既要考虑当前，又要着眼于长远，不能只顾当前利益而不顾今后农业的发展，应争取农业持久的经济效益增长。

（5）局部利益与全局利益统一的原则

局部利益是指一个地区、一个生产单位、一个部门的利益。全局利益是指国家整体的利益。如果农业生产只顾局部利益，不考虑全局利益，如不注意水土保持、环境状况和生态平衡，不注意水利工程设施的综合配套等，就会导致整体及长远利益受损，最终影响局部利益。因此，必须注意两者的统一。

（二）农业经济效益评价的指标体系

由于农业生产的特点和社会需要的复杂性，农业经济效益反映在各个不同的方面，需要设置和运用一系列指标从各个不同方面、不同范围、不同层次来计算和分析经济效益的大小。这些相互联系、相互补充、全面评价农业经济效益的一整套指标所构成的体系，叫作农业经济效益评价指标体系。在经济工作中，应用较多、作用较大的指标主要有五个。

1. 土地生产率

土地生产率通常用单位土地面积上的产量或产值来表示，计算公式为：

$$土地生产率 = \frac{产品产量（或产值）}{土地面积} \tag{5-50}$$

从表面上看，该指标越大，经济效益越好。但因没有扣除物化劳动和活劳动投入量的影响，所以不能说产量或产值高，效益就高。因此在实际评价时，一般都同时采用净产值指标和盈利率指标。

$$单位土地面积净产值 = \frac{农产品产值 - 物质生产费用}{土地面积} \tag{5-51}$$

$$单位土地面积盈利率 = \frac{农产品产值 - 生产成本}{土地面积} \times 100\% \tag{5-52}$$

2. 农业劳动生产率

农业劳动生产率是农业劳动消耗量和农产品产量（或产值）的比例关系，反映单位劳动时间生产出的农产品数量，或者单位农产品所消耗的劳动时间。它表明农业劳动者生产农产品的效率，用公式表示为：

$$农业劳动生产率 = \frac{农产品产量（或产值）}{活劳动时间} \tag{5-53}$$

单位劳动时间生产出的农产品数量越多或者单位农产品所消耗的劳动时间越少，农业经济效益越好；反之，农业经济效益越差。该指标是个静态指标，要反映农业经济效益的动态情况，则须用农业劳动生产率增长率指标。它是一定时期农业劳动生产率增长量与基期农业劳动生产率的比率。用公式表示为：

$$农业劳动生产率增长率 = \frac{报告期的农业劳动生产率 - 基期的农业劳动生产率}{基期的农业劳动生产率}$$

$$\tag{5-54}$$

该指标值越大，表明农业经济效益的增长趋势越好；反之，则表明农业经济效益发展趋势越差。

3. 农业资金生产率指标

农业资金生产率是指在一定时期内农业资金运用所取得的生产成果与资金投入（或消耗）的比率。在一定时期内，单位资金消耗所取得的农业生产成果越多，经济效益越好。反之，则经济效益越差。由于农业资金投放的项目不同，它所取得的成果也不同。因此，评价时所用的指标也不相同。常用的指标及计算公式如下：

$$单位投资新增生产能力 = \frac{某时期新增生产能力}{某时期投资额} \tag{5-55}$$

$$单位资金农产品量 = \frac{农产品总量}{农业投资额} \qquad (5-56)$$

$$农业资金产值率 = \frac{农业总产值}{农业投资额} \times 100\% \qquad (5-57)$$

$$农业资金利润率 = \frac{年利润率}{农业投资额} \times 100\% \qquad (5-58)$$

4. 农业纯收益指标

农业纯收益是指农业总产值扣除生产成本和税金后的余额，它能综合反映农业生产单位在一定时期内经营的最终效益。农业纯收益越多，经济效益越好。反映农业纯收益的主要指标及计算公式如下：

$$单位面积纯收益 = \frac{纯收益额}{耕地面积} \qquad (5-59)$$

$$单位资金纯收益率 = \frac{单位面积纯收益额}{单位面积资金占用额} \times 100\% \qquad (5-60)$$

$$农业产值纯收益率 = \frac{纯收益额}{农业总产值} \times 100\% \qquad (5-61)$$

$$单位成本纯收益率 = \frac{农业纯收益额}{农业生产成本} \times 100\% \qquad (5-62)$$

$$人均年纯收益额 = \frac{年农业纯收益额}{该年农业人口数} \qquad (5-63)$$

人均年纯收益额是一个综合指标，对该指标进行考核，有利于促进农业经济核算和加强农业经营管理，有利于农业剩余劳动力的转移和控制人口增长。

5. 农产品成本指标

农产品成本是指生产农产品所消耗的活劳动和物化劳动的费用总和。它是反映资金消耗经济效果的指标，通常用单位农产品成本或成本产出率两个具体指标反映，用公式表示为：

$$单位农产品成本 = \frac{农产品总成本}{农产品总产值} \qquad (5-64)$$

$$成本产出率 = \frac{农产品产量}{农产品成本} \qquad (5-65)$$

单位农产品成本越低，产出率越高，经济效益越好。

二、农业经济效益评价方法

(一) 平行比较分析法

平行比较分析法是对不同可行方案的相同指标进行平行比较，以选择最优方案的分析评价方法。这种方法被广泛应用于不同生产技术措施的投资、用工、成本、产量、效益等指标的对比分析；或对某一生产技术措施在不同作物、不同地区和不同年份之间进行对比分析。

(二) 因素分析法

因素分析法是分析两个以上的因素对研究对象的经济效益影响程度的方法。其具体做法是：在假定其他因素不变的情况下，逐一分析每一因素变化对总体的影响程度，通过比较找出影响总体的主要因素和次要因素，为经济活动提供决策依据。

应当指出，因素分析法的分析结论受替代因素的替代顺序影响，不同的替代顺序，可能得出不同的结论。要想消除因素不同替代顺序产生的误差，还需要采用差额分配法或平均法加以解决。

(三) 综合评分法

综合评分法是对各备选方案设置多项指标，通过"打分"进行综合评价和选优的一种决策分析方法。具体操作步骤有四步。

第一步，确定评价指标。每个备选方案都有很多具体的指标，评分时应选择对整个方案的目标影响较大的指标参加评分。

第二步，确定各指标的评分标准。各指标可根据具体情况和历史资料进行分级，一般按五级评分，即 5 分为最高，1 分为最低，中间状态的按 1 分的级差评分。

第三步，确定各项评分指标的权重。由于各个项目在整个方案中所占的地位和重要性不同，评分时应根据各个项目的不同情况确定其不同的权重。每个项目的权重，用它在整个评分中所占的比重来表示，各个指标权重之和为 1% 或 100%。

第四步，编制综合评分计算表。对每个方案的得分进行汇总，得到每个方案的总分值，比较后选出最优方案。

▶ 第六章　农业现代化发展

第一节　农业现代化概述

农业是人类社会历史上最古老的一个产业。随着人类社会的发展，农业生产经历了原始农业、传统农业和现代农业三个不同的历史阶段，它们之间由于生产力水平不同而具有本质的区别，主要表现在生产工具、劳动者的生产技能和生产力要素的结合方式等方面的不同。当前，发达国家已进入了现代农业阶段，一些发展中国家正处于从传统农业向现代农业发展的进程中，仍有一些发展中国家停留在传统农业阶段。

一、传统农业与现代农业

（一）传统农业

传统农业是指在自然经济条件下，采用人力、畜力、手工工具等为主的手工劳动方式，靠世代积累下来的传统经验进行生产，以自给自足的自然经济居主导地位的农业，是农业的早期发展阶段。传统农业起源于新石器时代末期，止于19世纪中后期。传统农业的特征主要包括以下三点。

1. 技术停滞

在传统农业中，农民以传统的直接生产经验为基础，采用简陋的铁木农具和人力、畜力以及水力和风力进行生产。在这一时期，农业技术的进步和生产的发展极其缓慢，农业生产完全以世代使用的各种生产要素为基础。

2. 粗放式耕作与劳动密集型精耕细作相结合，劳动生产率极其低下

由于技术停滞，粮食产量的增加主要依靠两种途径：一是不断扩大耕地面积，进行粗放式耕作，由于地球上可开垦土地资源有限，这一方式发挥的余地越来越小；二是增加单位土地面积上的劳动投入，形成劳动密集型的精耕细作，但由于技术落后和土地报酬递减规律，因而劳动生产率呈下降趋势。

3. 封闭的自我循环式的农业生产和自给自足的自然经济

在传统农业中，几乎没有外部新的生产要素的投入，所生产的农产品也主要满足农民自己生产和生活的需要，剩余产品很少，农业生产基本处于自我循环状态。原始的生产工具和生产技术迫使农民在小块土地上耕作，他们的衣食住行、生老病死等基本活动都局限于孤立的村落中，形成自给自足的自然经济。

（二）现代农业

现代农业是指应用现代科学技术以及现代工业提供的生产资料和科学管理方法的社会化农业。它萌芽于资本主义工业化时期，主要指 20 世纪 50 年代后经济发达国家和地区的农业，是最新发展阶段的农业。现代农业是伴随人类经济社会变革和科学技术进步而不断发展的动态概念，从当今世界农业发展的趋势来看，现代农业的基本特征有以下几点。

1. 现代农业是高效益、多功能的产业

传统农业主要从事初级农产品供给和原料生产，而现代农业具有原料供给、就业增收、生活休闲、生态保护、旅游度假、文明传承、教育等多种功能，既满足了人们的物质需求，又满足了人们的精神需求，成为人们的精神家园。现代农业拓展了农业的广度和深度，实现了种养加、产供销、贸工农一体化的高度组织化、规模化生产，土地产出率、资源利用率和农业生产率都大大高于传统农业。

2. 现代农业是高度科技依存型的产业

科学技术是现代农业的先导和发展动力，包括生物技术、信息技术、耕作技术、节水灌溉技术等在内的农业高新技术，使现代农业成为技术高度密集的产业。科技进步对农业生产力的贡献度超过了其他资源，发达国家现代农业的科技贡献度一般在 70% 以上。现代农业由于科技成果的广泛应用已不再是投资大、回收慢、效益低的产业，相反，由于全球性的资源短缺问题日益突出，具有资源性特征的农产品日益显得重要，从而使农业有可能成为效益最好、最有前途的产业之一。

3. 现代农业是生态环境友好型的产业

现代农业要符合可持续发展理念，是建立在资源环境可持续性基础之上的。现代农业通过对生物技术和信息技术等科学技术的应用，在保护农业生态环境的原则下，减少了化肥、农药、除草剂等的使用量，实现对农业生产的全过程控制，避免或减少了生态环境污染。现代农业是生态农业，是资源节约和可持续发展的绿色产业，担负着维护与改善人类生活质量和生存环境的使命。

4. 现代农业是高投入、高保护的产业

现代农业注重集约投入生产要素，通过增加资本投入、应用现代科技和装备、强化组织管理，改变农业粗放经营的状况，提高生产要素的配置效率。同时，现代农业是国家高度保护的产业，发达国家现代农业的发展证明了农业教育科研投入、农业科技推广、补贴、农业保险、法律法规建设等方面的高保护政策是现代农业发展的重要保障。

（三）现代农业与传统农业的区别

1. 传统农业与现代农业的经营目标不同

传统农业是"自然农业""糊口农业"、产品农业，生产技术落后，生产效率低下，"靠天吃饭"的现象比较普遍。农民为了防备不时之需总是尽量多生产和储备粮食，即以产量最大化为其生产目标，虽然其产品也有剩余，并到市场上销售，但主要目的是为了交换其他产品，满足自身生活和简单再生产的需要，而不是为了实现生产的交换价值和社会价值。因此，传统农业的商品化率很低，农民收入也不高。而现代农业是商品农业、效益农业，其经营目标是追求利润的最大化。现代农业为了实现农产品交换价值和社会价值而生产，为出售和市场而生产，其商品化率相对较高，从事农业生产和经营的农民收入水平也比较高。农产品交换所得既可以维持和扩大再生产，还能增加教育、健康和文化等方面的投入，提高农民素质和发展水平。

2. 传统农业与现代农业的生产手段不同

传统农业生产技术手段单一，物质装备技术落后，生产水平长期处于停滞状态，国家对农业的投入较少，农业生产所需的劳动力数量较多，在人地矛盾突出的状态下，农业机械难以推广和应用。而现代农业是利用现代机械技术、现代生物化学技术和现代管理技术武装起来的农业，科技在农业生产领域广泛应用，不仅提高了农业劳动生产率，而且改变了落后的生产经营方式。

3. 传统农业与现代农业的生产经营主体素质不同

传统农业是以土地为基本生产资料、以农户为基本生产单元的一种小生产，农民文化水平普遍较低，也不重视人力资本投入，很少或没有专业分工，农民生产主要依靠经验。在现代农业中，农户广泛地参与到专业化生产和社会化分工中，加入到各种专业化合作组织中，农业生产实行产业化经营，需要的是有文化、懂技术、能经营、会管理的新型农民。

二、农业现代化的基本内容

农业现代化实际上是指由传统农业向现代农业转变的过程，目的是利用现代工业、现

代科学技术和现代经济管理方法，使农业由生产力落后的传统农业日益转化为具有当今世界先进水平的农业。狭义的农业现代化仅指农业生产技术上的变革。广义的农业现代化强调既要采用现代的科学技术，也要重视现代科学方法、管理方法，还要发展农村文化教育。农业现代化是一个动态的发展过程，在不同的发展阶段有不同的内涵，其基本内容主要包括以下几个方面。

（一）农业生产手段现代化

生产工具是区别经济时代的根本标志，也是划分农业发展阶段的主要依据。在农业生产中运用先进的机械设备取代人的手工劳动，特别是在农业生产的产前、产中和产后各个环节中大范围采用机械化作业，能够大大降低农业劳动者的体力劳动强度，提高劳动生产率。农业生产中广泛采用机械设备是农业现代化必不可少的物质条件。

（二）农业生产技术现代化

农业生产技术现代化即用现代科学技术武装农业，在农业生产中广泛采用农业机械和电子信息技术、现代生物技术、化学技术、耕作与栽培技术以及饲养技术等。实现农业现代化的过程，其实就是不断将先进的农业生产技术应用于农业生产，不断提高科技对农业增产贡献率的过程。这将有利于提升农产品品质和农产品国际竞争力，降低生产成本，保证食品安全。新技术、新材料、新能源的出现，将使农业现状发生巨大的改变，使农业增长方式从粗放式经营转变为集约式经营。

（三）农业经营管理现代化

农业经营管理现代化即用科学方法管理农业。马克思早就指出："一切大生产都需要管理。"农业生产的经营管理涉及农业的产前、产中和产后各个环节，经营管理不善，必将影响农业的投入产出率和市场化进程，必然阻碍农业生产的发展，影响整个农业现代化的进程。通过运用先进的管理方法和理念协调农业生产力诸因素之间、农业生产各部门之间、农业生产过程各环节之间的关系，可以使生产要素得到科学合理的配置，提高农业的投入产出效率。

（四）农业生产集约化、可持续化

面对土地面积有限和人类对农产品需求不断增长的现实矛盾，现代农业必须走集约化经营道路。农业生产集约化必须建立在农业科学技术不断进步的前提下，通过科技创新提高农业投入要素的配置效率，不断优化农业投入产出系统，实现农业生产高效率。农业现代化的一个显著特点就是人工生态系统的产生及普遍存在，这一方面要求尽可能多地生产满足人类生存、生活的必需品，确保食物安全；另一方面要坚持生态良性循环的指导思想，维持一个良好的农业生态环境，不滥用自然资源，兼顾当前利益和长远利益，合理地利用和保护自然环境，实现资源永续利用，即保持农业的可持续发展。

（五）商品化、专业化、社会化

以农业商品经济为纽带的农业现代化是社会分工和社会协作相结合的社会化大生产，而农业社会化、专业化则表现为农业产品的商品化，这是农业生产力向更高层次发展的必然结果。商品生产以社会分工为前提，并要求较高的劳动生产率，这就使得社会内部和农业内部的分工越来越细，要求农业生产实行专业化。实行专业化分工协作，使农业生产过程的各个环节联系愈加紧密，就要求建立一个涵盖产前、产中、产后的社会化服务体系。可见，要实现农业现代化，建立完善的市场体系，必须推进农业的社会化、专业化和商品化。

（六）农业标准化、农业信息化

农业标准化是指农业生产经营活动要以市场为导向，建立健全规范化的工艺流程和衡量标准。通过农业标准化，可以促进先进的农业科技成果和经验迅速向农民推广，最终生产出质优、量多的农产品来供应市场，不但能使农民增收，同时可以取得良好的社会和生态效益。农业标准化是现代农业的重要基石，加快推行农业标准化，是推动和促进现代农业建设的重要力量。

农业信息化是指在农业各领域全面地发展和应用现代信息技术，使之渗透到农业生产、市场、消费以及农村社会、经济、技术等各个方面，加快传统农业改造，极大地提高农业生产效率和农业生产力水平，促进农业持续、稳定、高效发展的过程。建设现代农业的过程在某种程度上也是农业标准化的过程、农业信息化的过程和农业市场化的过程。

三、衡量农业现代化的标准

农业现代化作为一个世界性、历史性的概念，是有其特定内容和客观标准的。是否实现了农业现代化，要与世界农业发达国家的生产水平相比才能确定。衡量农业现代化的标志应当采取国际既可以相互比较，又能反映农业生产力综合水平的指标。

（一）农业劳动生产率

农业劳动生产率是指农业劳动力在一定时期内人均生产农产品数量的多少，劳动生产率高是现代化农业的基本特征。农业劳动生产率高低受诸多因素的影响，如农业机械化水平、经营规模的大小、农业科技的应用状况、投入水平和经营管理的好坏等。因此，农业劳动生产率反映了农业产出水平和农业投入水平的高低。

（二）农业土地生产率

土地生产率是指一定时期内单位面积土地上生产的产品数量或产值，是反映土地利用效率的指标。土地生产率也是衡量农业现代化水平的重要指标，土地生产率的高低与土壤肥力和肥料、农药、水利基础设施、种养技术等科技、物质的投入水平及人类对农业生产环境的调控能力有关。它与农业劳动生产率一样，是一个反映农业产出水平和农业投入水平的综合性指标，土地生产率可以从单位面积产量和产值两方面进行衡量。

（三）农产品商品率

农产品商品率是指农产品商品量在农产品总产量中所占的百分比，是衡量农业从自给性生产向商品经济转化的重要指标。农产品商品率反映了农业同社会其他经济部门联系的密切程度，特别是农业生产与市场之间联系的紧密程度。影响农产品商品率的根本因素是土地生产率和劳动生产率，此外，农产品商品率与农业人口、农业生产专业化程度、农产品价格、农业规模经营等也有密切关系。农产品商品率也是衡量农业生产社会化、市场化程度的综合性指标。

（四）农业科技进步贡献率

农业科技进步贡献率是指农业科技进步对农业总产值增长率的贡献份额。农业现代化的关键是把农业的发展转移到主要依靠科技进步的路径上来，农业增长方式的转变、农业生产效益和农产品质量的提高、农产品生产成本的降低应主要依靠科技的进步。农业科技进步贡献率是综合反映农业生产技术与教育发展水平的重要指标。

（五）农业资源与环境指标

农业资源与环境指标是用来衡量土地潜在生产能力的稳定性与持久性程度的指标，可以通过森林覆盖率、自然灾害成灾率、水土流失面积比重、旱涝保收面积比重、耕地污染面积比重、土壤养分含量、土壤酸碱度等具体指标来反映。

（六）农民人均纯收入

农民人均纯收入是指农民人均从当年各项生产经营项目中取得的生产经营收入及利

息、租金等非生产性收入。农民人均纯收入反映了农村经济发展的总体水平和农民生活质量的高低，也反映了农业投入产出的比率和农业生产的经济效益，是衡量农业现代化水平的重要指标。农业现代化要求农民生活质量科学化、生活方式现代化，伴随着农业现代化进程的加快，农民的收入应接近或超过城市居民，生活条件和消费水平得到显著改善和提高。

第二节　我国的农业现代化建设

世界农业现代化道路的发展历史表明，实现农业现代化没有一成不变的固定发展模式。发达国家在实现农业现代化过程中，都是注重立足本国实际，探索适合本国国情的农业现代化道路。作为一个发展中国家，改革开放以来，我国农业得到了迅猛发展，取得了举世瞩目的成绩，但与发达国家相比，我国农业无论在速度、规模，还是效益上，与世界现代农业相比还存在很大的差距，我国的农业现代化建设道路还十分漫长。

一、我国农业现代化的目标

（一）培育建设发达、有竞争力的农业

随着人口数量的不断增长和人们收入水平的提高，社会对农产品的需求量越来越大，对品质也有更高的要求。要增加产品的供给和提高农产品的质量，必须把当前产业结构不合理、低产低效的农业提升为广泛应用现代科学技术，农林牧渔合理布局，全面发展的高产、优质、高效、生态、安全的农业。与此同时，在 WTO 框架下伴随世界农产品贸易自由化的推进，中国农业面临激烈的国际竞争，推进农业现代化过程中需要不断提升我国农业国际市场竞争力。

（二）建设富庶的农村，提高农民的收入水平

农业现代化必须提高农业的收入水平，使农民的物质和精神生活不断改善，达到较富裕的水平。因此，农业现代化的过程应该和建设富裕文明的新农村相结合，全面发展农村经济，努力缩小城乡差别和工农差别。

（三）建设良好的人居生态环境

在农业现代化的过程中，既要充分利用自然，又要重视生态保护，实现经济效益、社

会效益和生态效益三者的统一。生态环境的好坏极大影响着农业的可持续发展，不能因为追求短期的经济利益而损害农业长期健康和可持续发展的基础，因而农业现代化必须维持一个良好的生态环境。

二、我国农业现代化的道路

解决好农业、农村、农民问题是全党工作重中之重，城乡发展一体化是解决三农问题的根本途径。要加大统筹城乡发展力度，增强农村发展活力，逐步缩小城乡差距，促进城乡共同繁荣。坚持工业反哺农业、城市支持农村和多予少取放活方针，加大强农惠农富农政策力度，让广大农民平等参与现代化进程、共同分享现代化成果。加快发展现代农业，增强农业综合生产能力，确保国家粮食安全和重要农产品有效供给。坚持把国家基础设施建设和社会事业发展重点放在农村，深入推进新农村建设和扶贫开发，全面改善农村生产生活条件，着力促进农民增收，保持农民收入持续较快增长。这是立足于我国国情特点而做出的一项重大决策，有利于促进社会公平，提升综合国力，实现城乡统筹发展。作为一个农业大国，农业兴，百业兴；农村稳，社会稳；农民富，国家富。"三农"问题的解决直接关系到我国社会的安稳和经济现代化目标的实现。

要走中国特色新型工业化、信息化、城镇化、农业现代化道路。走中国特色新型农业现代化的道路就不能全盘照搬发达国家农业现代化的发展模式，而是既要从中国国情出发，符合中国经济社会制度条件和资源禀赋特征，又要彰显时代特征，紧跟世界农业发展新理念、新趋势，运用最新科技成果。中国农业现代化的过程代表中国向世界农业强国逐步迈进。中共中央、国务院印发《关于落实发展新理念加快农业现代化实现全面小康目标的若干意见》指出，农业是全面建成小康社会、实现现代化的基础，要牢固树立和深入贯彻落实创新、协调、绿色、开放、共享的发展理念，大力推进农业现代化，确保亿万农民与全国人民一道迈入全面小康社会，坚持强农惠农富农政策不减弱，推进农村全面小康建设不松劲，加快发展现代农业，加快促进农民增收，加快建设社会主义新农村，不断巩固和发展农业农村好形势。

（一）以市场为导向，完善农业法律和政策体系

"依法治农"是实现我国农业现代化的必然选择。目前，我国已建立起以《农业法》为基础，以不同领域专门农业法律为主干，以有关法律中的涉农条款为补充，辅之以行政法规和地方性法规，多层次、全方位的农业法律法规体系。为推进我国现代农业建设，还应完善以下政策体系。①健全完善农业补贴政策。要对农业补贴政策进行结构性改革，实行有差别的支持政策。②完善农业基本建设政策。重点建设高标准农田、推进农业科技创

新、大力推广使用农业机械。③完善农产品市场调控政策。探索建立目标价格制度，兼顾农民和消费者双方的利益。既要稳定农产品价格，又要使农民获得稳定收益。探索建立调控目录制度，对于进入目录的农产品，如粮食和主要经济作物，由国家实行特殊政策调控，未进入目录的农产品由市场调节。④创新农业金融保险政策。积极引导社会资本投入农业，鼓励和支持有责任的工商资本向农业投资。⑤完善农业改革配套政策。包括稳定和完善农村土地承包关系，扩大农村土地承包经营权登记试点范围，加快推进农村土地承包经营权流转管理和服务体系建设，建立健全农村土地承包经营权流转市场，健全土地承包经营纠纷调解仲裁制度，加快推动征地制度改革，不断创新农业固定资产投资管理方式。

（二）强化新型农民和新型现代农业经营主体的培育

"坚持和完善农村基本经营制度，依法维护农民土地承包经营权、宅基地使用权、集体收益分配权，壮大集体经济实力，发展农民专业合作和股份合作，培育新型经营主体，发展多种形式规模经营，构建集约化、专业化、组织化、社会化相结合的新型农业经营体系。"为了贯彻这一决策，要深化农业生产经营体制的改革，在稳定农业家庭经营这一基本经营制度的基础上，建立以规模化、专业化、集约化的家庭农场经营为基础、农民专业合作社与龙头企业的合作联合服务相结合的新型农业双层经营体制，努力提高农业规模化生产、产业化经营水平和农民组织化程度，实现农业生产经营主体的转换。同时，要鼓励大中专毕业生到现代农业领域去就业创业，使他们成为农业生产经营者的新生力量。

实现农业现代化，归根结底，必须依靠农民，因此要全面提升农村劳动力的整体素质，培养现代新型职业农民。针对农村劳动力科学文化素质偏低的现状，要加强农村成人教育、社区教育和农村劳动力素质培训，大力繁荣农村文化事业，广泛开展多种文化活动，弘扬农业文化和民俗文化，提高农民的科技文化素质和精神文明素质，着力培养有文化、懂技术、会经营的新型职业农民，为实现农业现代化储备人力资本。

（三）加强农业基础设施建设，改善农业生产条件

加强农业基础设施建设是促进农业可持续发展的战略任务。农业受自然环境因素的影响较大，因此要改善农业生产条件，增强农业抵御自然灾害的能力，实现农业高产稳产，必须切实加强农业基础设施建设。具体而言，应该以政府为主导，拓宽农业基础设施建设的资金投入渠道，通过政策引导和制度约束，鼓励工业反哺农业、城市支持农村。当前农业基础设施建设的重点是高标准农田建设、农田水利工程建设和农村能源建设，而设施农业又是现代农业的发展方向和农业转型升级的重要途径。各地要以优势特色农业产业为重点，大力发展高效设施农业，提高农业的物质技术装备程度和农业的工业化生产水平，建

设具有地方特色的设施观光农业、精品农业和生态农业。

(四) 积极推进农村城镇化，为农业现代化发展的创造有利外部环境

"加快完善城乡发展一体化体制机制，着力在城乡规划、基础设施、公共服务等方面推进一体化，促进城乡要素平等交换和公共资源均衡配置，形成以工促农、以城带乡、工农互惠、城乡一体的新型工农、城乡关系。"城镇化推动了农村市场的发展和农业社会化服务体系的构建，并通过乡镇工业反哺农业。发展现代农业必须减少农民数量、提高农民素质和推动农业适度规模经营，因而加快农村城镇化进程，转移农村剩余劳动力，促进土地流转，实现农业规模经营，提高农业劳动生产率，实现农民增收，是进一步加快农业现代化步伐的前提和外部条件。为此，要整体推进城乡户籍管理制度、土地制度、社会保障制度等一系列改革，促进农村人口的城镇化，为发展农业规模经营创造良好的社会条件。

(五) 促进农业产业结构优化升级

农业产业结构调整是指根据市场对农产品需求结构的变化改变农产品的生产结构，从而使农业生产和市场需求相协调，同时使农业生产效率最大化，实现农民增收、农业和农村可持续发展。近年来，我国农业产业结构显著改善，人民生活水平大幅提高，具体表现为：传统农作物种植业所占比例持续下降，而林、渔、牧业比重相应上升；粮食作物种植呈下降趋势，经济作物种植持续上升；粮食作物产量连年增长，人均粮食产量显著提高。但是，随着我国工业化和城镇化进程的加快，现阶段农业产业结构中仍有一些问题比较突出，主要表现在三个方面。一是低档次、低附加值农产品的占比依然很大，优质高效的农产品较少。因此需要强化农产品加工技术创新，促进农产品初加工、精深加工及综合利用加工协调发展，提高农产品加工转化率和附加值。二是农产品生产趋同化和单一化现象严重。目前，我国尚未形成农作物种植的区域分工，各地区小而全的种植结构阻碍了各地区特色农业的发展，因此应根据各地自然条件和生产传统进行宏观规划和政策引导，形成各具特色的农产品种植区和产业带。三是与农业有关的龙头企业和知名品牌较少，农业产业化链条有待完善。农业加工、物流运输和仓储等环节发展薄弱，吸纳就业能力不足，难以带动农民增收。因此要鼓励农业主产区农产品加工业快速发展，支持粮食主产区发展粮食深加工，培育一批农产品精深加工领军企业和国内外知名品牌，提高农业吸纳就业和促进农民增收的能力。

(六) 以科技进步为农业现代化的基本动力

我国农业发展的根本出路在于加快农业科技化，农业发展要依靠科技进步来提高耕地

产出率、资源利用率和劳动生产率。因此，要围绕农业可持续发展的技术需求，提高农业科技自主创新能力和农业国际竞争力，重点是提高在生物技术、机械装备技术和信息技术等领域的自主创新能力，运用"互联网+"的思维发展农业，建立政府部门引导、社会力量广泛参与的农业科技创新体系，确保在农业科研和推广方面的经费投入以及农业科技成果的及时推广应用。国家应出台相关的政策措施，加大对农业先进实用技术推广应用和农民技术培训的力度，逐步构建以政府宏观管理为引导、以农业科研院所为载体、以龙头企业与家庭农场为主体、以农业社会化服务组织与技术推广机构为纽带的农业科技创新与推广体系。

（七）构建新型农村社会化服务体系

农业服务社会化是推动现代农业发展、推进农业现代化建设的重要引擎。建设覆盖全程、综合配套、便捷高效的社会化服务体系，为农业和农民提供全方位服务，是提高农业组织化程度、解决小生产与大市场矛盾的重要手段，是稳定和完善农村基本经营制度、维护农民合法权益的重要保障，更是确保国家粮食安全、实现农业现代化的必然要求。构建新型农村社会化服务体系，一是要强化各级政府，特别是县级政府主体在农业技术推广、动植物疫病防控、农产品质量监管等农业公共服务领域的重要作用；二是要引导社会资本和工商企业重点面向现代农业的基础设施建设、农产品精深加工、农产品市场物流、农业高科技研发、农业信息化、机械化、设施化装备产业等领域投资；三是要支持引导供销合作社、农民专业合作社、专业服务公司、专业技术协会、农民经纪人、龙头企业等提供多种形式的生产经营服务。

（八）注重生态保护，探索绿色农业发展道路

要将"尊重自然、顺应自然、保护自然"的生态文明理念贯穿于农业生产、农业资源和环境的利用与保护、农业科技的发展与应用、农业服务的全过程中。

依靠"大药、大水、大肥"的传统农业种植方式难以为继，容易造成土壤板结、地力下降和环境污染，而且还会带来农药残留等问题。绿色农业，本质上是以科学技术为支撑、以现代投入品为基础的集约农业。发展绿色农业，要求政府积极制定有利于绿色发展的农业政策法规，引导农业发展由增产向可持续导向转变，由单纯追求高产，向高产高效、资源节约、生态环保转变，向节水节肥节药节地转变的现代农业发展道路。要逐步制定和完善农业投入品生产、经营、使用，节水、节肥、节药等农业生产技术及农业面源污染监测、治理等标准和技术规范体系，加强农业资源的保护和高效利用，加大农业面源污染防控、农产品产地环境治理的工作力度，从根本上加快转变农业发展方式，推动农业可

持续发展。

（九）积极开展农业对外合作，大力推动外向型农业的发展

外向型农业是指面向国际市场发展农产品商品生产，进行国际农业生产要素和生产成果的相互交换与交流。外向型农业是现代农业发展的标杆、现代农业示范区的高地和"一带一路"倡议的重要载体，积极参与国际分工是发展现代农业的重要标志，也是转变农业增长方式的重要内涵。积极开展农业对外合作，一方面，要大力引进国外先进的农业技术、设备、管理经验和国外优良的动植物品种，吸引外资、引进项目；另一方面，要积极"走出去"，促进农产品出口贸易，特别是向发展中农业大国转让适宜的农业生产技术和良种，从而充分利用好国际国内两个市场、两种资源，拓展农业发展空间，增强农业国际竞争力。另外，还应该培养一批精通世界贸易组织规则和相关法规，熟悉农产品国际贸易的外向型农业人才，从而推动外向型农业的发展；尤其要注重对各级农业管理人员、农业出口企业负责人和出口基地农民的培训，增强其农产品质量意识、安全意识和品牌意识。

第三节　农业标准化与农产品质量安全

农业标准化是农业现代化的重要内容和主要标志，是农业产业化和产业结构调整优化的重要技术基础，也是确保食品安全，加强农产品国际竞争力，实现农业可持续发展的重要前提和保证。建设有竞争力、健康和持续发展的现代农业，必须着力提高我国农业标准化的水平。

一、农业标准化的概念

（一）标准和标准化

标准是指为在一定的范围内获得最佳秩序，经协商一致制定并由一个公认机构的批准，对活动或其结果规定共同的和重复使用的规则、原则或特性的文件，具体可以为标准文件、技术规范、规程、法规等多种形式。标准以科学、技术和经验的综合成果为基础，以促进最佳社会效益为目的。本质上，标准就是要求，是市场和消费者的要求。

标准化是指在一定范围内获得最佳秩序，对实际的潜在的问题制定共同的和重复的规则的活动。标准化包括制定、发布及实施标准的过程，"通过制定、发布和实施标准，达到统一"是标准化的实质，标准是标准化活动的核心内容。

（二）农业标准化概念

农业标准化是以农业为对象的标准化活动，即运用"统一、简化、协调、选优"原则，通过制定和实施标准，把农业产前、产中、产后各个环节纳入标准生产和标准管理的轨道，把先进的科学技术和成熟的经验推广到农户，转化为现实的生产力，取得经济、社会和生态的最佳效益的可持续过程。简单地说，农业标准化就是按照标准生产农产品的全过程，包括组织制定农业标准、实施推广农业标准和对农业标准的实施进行监督的全过程。

农业标准化的目的是将先进的农业科技成果和多年的生产实践经验相结合，制定成文字简明、通俗易懂、逻辑严谨、便于操作的技术标准和管理标准，向农民推广，以生产出优质、标准、高产的农产品，实现农民增收，并同时能保护农业生态环境，实现农业的可持续发展。这就要求农业的生产经营活动要以市场为导向，建立健全规范化的农产品生产工艺流程和衡量标准并予以实施。

农业标准化内容广泛，从对象来看包括种植业标准化、林业标准化、畜牧业标准化、水产业标准化和无公害、绿色、有机食品标准化、生态建设标准化及农业信息标准化等。从整个农业生产过程来看，包括农产品生产环境的标准化、农产品生产过程和工艺的标准化、农产品质量的标准化等。

农业标准化的核心是农业标准的实施与推广，是标准化基地的建设与扩展，由点及面，逐步推进，最终实现生产的基地化和基地的标准化。同时，标准的实施与推广还必须有完善的质量监督体系和农产品评价与认证体系。

二、农业标准的分类

农业标准是评价农产品质量的技术依据，是农产品生产加工、质量检验、分等定价、选购验收、洽谈贸易的技术准则，可以从标准发生作用范围、法律约束性、作用和对象和标准的性质等依据对农业标准进行分类。

（一）按标准发生作用的有效范围分类

从全世界范围来看，农业标准分为国际标准、区域性标准、国家标准、行业标准、地方标准与企业标准。我国目前将农业标准分为国家标准、行业标准、地方标准和企业标准四级。

1. 国家标准

是由国家标准团体制定并公开发布的标准。一般由国家标准化主管机构批准，并在公告后需要通过正规渠道购买的文件，除国家法律法规规定强制执行的标准以外，一般有一定的推荐意义，我国的国家标准是由国务院标准化行政主管部门编制计划和组织草拟，并统一审批、编号和发布。

2. 行业标准

是指行业的标准化主管部门批准发布的，在行业范围内统一的标准。根据《中华人民共和国标准化法》的规定：由我国各主管部、委（局）批准发布，在该部门范围内统一使用的标准，称为行业标准。在我国行业标准由国务院有关行政主管部门制定，并报国务院标准化行政主管部门备案。例如与农业生产相关的农业、林业、水产、烟草、环保、土管等部门都制定有行业标准。

3. 地方标准

我国地方标准是指在某个省、自治区、直辖市范围内需要统一的标准。地方标准不得与国家标准、行业标准相抵触，在相应的国家标准或行业标准实施后，地方标准自行废止。地方标准由省、自治区、直辖市标准化行政主管部门制定并报国务院标准化行政主管部门和国务院有关行政主管部门备案。

4. 企业标准

企业标准是指企业所制定的产品标准以及根据在企业内需要协调、统一的技术要求和管理工作要求所制定的标准。企业标准由企业制定，并向企业主管部门和企业主管部门的同级标准化行政主管部门备案。

（二）根据农业标准的法律约束性分类

1. 强制性标准

是国家技术法规的重要组成部分，具有法律属性，在一定范围内通过法律、行政法规等手段强制执行的标准是强制性标准。依据《国家标准管理办法》和《行业标准管理办法》规定，强制性标准的范围包括：药品、食品卫生、兽药、农药和劳动卫生标准；产品生产、贮运和使用中的安全及劳动安全标准；工程建设的质量、安全、卫生等标准；环境保护和环境质量方面的标准；有关国计民生方面的重要产品标准等。

2. 推荐性标准

又称为非强制性标准或自愿性标准，是指生产、交换、使用等方面，通过经济手段或市场调节而自愿采用的一类标准。

（三）根据农业标准的对象和作用分类

1. 农业基础标准

在一定范围内作为其他标准的基础并普遍使用，具有广泛指导意义的标准，称为基础标准。主要是指在农业生产技术中所涉及的名词、术语、符号、定义、计量、包装、运输、贮存、科技档案管理及分析测试标准等。

2. 产品标准

对产品必须达到的某些或全部特性要求所制定的标准。主要包括农林牧渔等产品品种、规格、质量分级、试验方法、包装、运输、贮存等农机具标准、农资标准以及农业用分析测试仪器标准等。

3. 方法标准

以试验、检验、分析、抽样、统计、计算、测定、作业等方法为对象制定的标准。主要包括选育、栽培、饲养等技术操作规程或规范，以及试验设计、病虫害测报、农药使用、动植物检疫等方法或条例。

4. 安全标准

为保护人和物安全和健康制定的标准。一般均为强制性标准，由国家通过法律或法令形式规定强制执行，在产品标准或工艺标准中列出有关安全的要求和指标。

5. 卫生标准

是指为了保护人体和其他动物身体健康，对食品饲料及其他方面的卫生要求而制定的农产品卫生标准。主要包括农产品中的农药残留及其他重金属等有害物质残留允许量的标准和检验检测方法标准。

6. 环境保护标准

是指为保护环境和有利于生态平衡，对大气、水质、土壤、噪声等环境质量和污染源的检测方法以及其他有关事项制定的标准。例如水质、水土保持、农药安全使用、绿化等方面的标准。

7. 农业工程和工程构件标准

是指围绕农业基本建设中各类工程的勘察、规划、设计、施工、安装、验收，以及农业工程构件等方面需要协调统一的事项所制定的标准。如塑料大棚、种子库、沼气池、牧场、畜禽圈舍、鱼塘、人工气候室等。

（四）根据标准的性质分类

1. 技术标准

对标准化领域中需要协调统一的重复性的技术事项在一定范围内制定的标准。主要是事物的技术性内容，如种子、种苗相关的技术标准。

2. 工作标准

对标准化领域中须协调统一的工作事项所制定的标准。工作标准是指一个训练有素的人员完成一定工组所需的时间，他完成这样的工作应该用预先设定好的方法，用其正常的努力程度和正常的技能（非超常发挥），所以也称为时间标准，包括针对具体岗位而规定人员和组织在生产经营管理中的职责、权限，对各种过程的定量定性要求以及活动程序和考核评价要求等。

3. 管理标准

对标准化领域中需要协调统一的管理事项所制定的标准，如标准分级管理办法、农产品质量监督检验办法及各种审定办法等。管理标准按其对象可分为技术管理标准、生产组织标准、经济管理标准、行政管理标准、业务管理标准等。

三、农业标准化的作用与现实意义

（一）农业标准化的作用

1. 农产品质量安全体系的重要支撑

农产品质量安全体系由标准、监管、执法、认证和检测五大体系构成，而其中标准化是整个农产品质量安全体系的基础和核心。标准是作为"共同规则"而存在的产品符合标准就合格，否则就不合格。可见农业标准为后续的农产品监管、执法和检测等程序提供了依据，使整个农产品质量安全体系有的放矢、有据可依。

2. 规范和统一农产品生产经营管理行为的技术依据

标准既然是共同准则，就应该贯穿于农产品生产、加工、流通全过程，使农业生产遵循统一的技术标准和生产操作规范。在发达国家，农业生产从品种选育到种养管理，再到加工包装、储存运输、上市销售等全过程，都有一套标准化的操作规范。例如，欧盟各国在农产品生产过程中，都遵守有关质量安全的技术法规和标准，实施良好的生产操作规范，把相关的技术法规和标准贯穿于生产、加工、流通全过程。

3. 评价农产品安全水平高低和质量优劣的重要尺度

标准是一种规则，可以打击制假制劣的生产者，解决贸易纠纷，稳定社会秩序。根据标准的内容，可以对农产品的质量优劣和安全水平做出真实的评价，从而实现打击和驱逐劣质农产品的目的，保护消费者的合法权益和人身健康。

4. 农业行政执法的重要保障

标准既是评价规则，同时也是农业行政执法的依据和重要保障。有了可行的标准，行政执法才能做到有法可依、有据可循。例如瘦肉精事件，相关执法部门依据国家相关食品安全标准，查处不合格产品，打击非法厂商和销毁不符合国家标准的肉制品，从而实现了对消费者的保护。

5. 引导农产品生产、加工和消费的重要指南

技术法规、生产操作规范、安全标准等贯穿于农业生产的生产、加工、流通和消费的整个过程，不但可以指导生产经营者合理、合法、合规经营，向市场提供合格安全的农产品，还可以引导消费者增强食品安全意识，形成健康消费的良好消费习惯。从长远来看，各方对标准的遵循和重视关注，对整个农业生产和消费会起到良好的引导和约束作用，促进农业的健康可持续发展。

（二）农业标准化的现实意义

农业标准化是现代农业的重要基石。国内外农业发展的实践经验表明，农业标准化是促进科技成果转化为生产力的有效途径，是提升农产品质量安全水平、增强农产品市场竞争能力的重要保证，也是提高经济效益、增加农民收入和实现农业现代化的基本前提。加快农业标准化进程，是新世纪新阶段推进农业产业革命的战略要求。通过推进农业标准化建设，规范了农业生产、农产品加工和贸易，保障了农产品质量安全，实现农业增效、农民增收，提高农业可持续发展能力。

1. 推进农业标准化是农业经济结构战略性调整和增加农民收入的必然要求

农业结构战略性调整，一个最为重要的目标就是要实现优化结构、提高质量和效益。实现这个目标，一项很重要的工作就是大力推行农业标准化，包括农产品生产及加工、流通的标准化。要以农业标准化带动农业生产专业化和区域化，进而推动农业的战略性结构调整。农业标准化涉及农业产前、产中、产后多个环节，以食用安全和市场需求为目标制定农业标准，通过实施农业标准，综合运用新技术、新成果、普及推广新品种，在促进传统优势产业升级的同时，促进农业生产结构向优质高效品种调整，实现农业资源的合理利用和农业生产要素的优化组合，促进农业素质的整体提高，为提高农业效益奠定了基础。

2. 推行农业标准化是加强农产品质量监管，保障消费安全的基础性工作

"民以食为天，食以安为先。"随着人民生活水平的不断提高，农产品质量、安全问题越来越被广大消费者所关心和重视，对农产品消费安全的呼声越来越高。近年来，因农药残留、兽药残留和其他有毒有害物质超标，导致的农产品污染和中毒事件时有发生，严重威胁了广大消费者的身体健康和生命安全。解决这类问题的一个重要前提就是要建立起与中国农业和农村生产力发展阶段相适应的农产品质量安全标准体系、检验检测体系和认证认可体系。在这三大体系中，农产品质量安全标准体系具有基础性的作用。

3. 推进农业标准化是促进农业科技成果转化有效途径

科学技术是第一生产力，而农业标准化是"科技兴农"的载体和基础。农业标准化既源于农业科技创新，又是农业科技创新转化为现实生产力的载体，它通过把先进的科学技术和成熟的经验组装成农业标准，推广应用到农业生产和经营活动中，把科技成果转化为现实的生产力，从而取得经济、社会和生态的最佳效益，达到高产、优质、高效的目的。科技成果转化为标准，可以成倍地提高推广应用的覆盖面，同时，标准的提高又会推动科技创新。

4. 农业标准化是增强农产品国际竞争力和调节农产品进出口的重要手段

我国加入 WTO 后，价格优势在国际市场上受到了安全标准的挑战。近年来，一些发达国家实施以标准为基础的国际贸易保护战略，提高农产品市场准入门槛，已成为制约我国农产品出口的主要障碍。

四、农产品质量安全

习近平总书记指出："能不能在农产品质量和食品安全上给老百姓一个满意的交代，是对我们执政能力的重大考验。食品安全源头在农产品，基础在农业，必须正本清源，首先把农产品质量抓好。"习近平总书记强调要用最严谨的标准、最严格的监管、最严厉的处罚、最严肃的问责，确保广大人民群众"舌尖上的安全"。

可见，农产品质量安全是农业发展和现代化建设过程中的亟待解决的重大问题，农产品质量安全，不但是关系农业发展和现代化建设进程的经济问题，更是关系到国计民生的政治问题。

（一）农产品质量安全的概念

农产品质量安全，指农产品的可靠性、使用性和内在价值，农产品质量符合保障人的健康、安全的要求，即无毒、无害，符合应当有的营养要求，对人体健康不造成任何急

性、亚急性或者慢性危害。质量是指营养、品质、感官（质地、色泽、香气、味道等），安全是指危害人体健康物质的污染、残留（重金属、农药、兽药、病原微生物、生物毒素等）。安全的农产品特点是：不应含有可能损害或威胁人体健康的因素，不应导致消费者急性或者慢性毒害或感染疾病，不应产生危及消费者及其后代健康的隐患。总之，农产品质量安全是农产品安全、优质、营养等要素的综合体。

（二）农产品质量安全问题危害的特点

1. 危害的直接性

不安全农产品直接危害人体健康和生命安全。因此，质量安全管理工作是一项社会公益性事业，确保农产品质量安全是政府的天职，没有国界之分，具有广泛的社会公益性。

2. 危害的隐蔽性

仅凭感观往往难以辨别农产品质量安全水平，需要通过仪器设备进行检验检测，甚至还须进行人体或动物实验。部分参数检测难度大、时间长，质量安全状况难以及时准确判断，如重金属和生物毒素等的检测十分困难。

3. 危害的渐进性和累积性

不安全农产品对人体危害的表现往往经过较长时间的积累和渐进显现，如部分农药、兽药残留在人体内积累到一定程度后，才导致疾病的发生并逐渐恶化。

4. 影响的传递性

农产品的同质性会导致一旦个别农产品出了安全事故，消费者对同类产品所有品牌都不信任。

（三）影响农产品质量安全的主要因素

1. 物理性污染

物理性污染是指由物理性因素对农产品质量安全产生的危害，是由于在农产品收获或加工过程中操作不规范，不慎在农产品中混入有毒有害杂质，导致农产品受到污染，如通过人工或机械在农产品中混入杂质、农产品因辐照导致放射性污染等，这类污染可以通过规范操作加以预防。

2. 化学性污染

指在生产加工过程中使用化学合成物质而对农产品质量安全产生的危害，如使用农药、兽药、添加剂等造成的残留，这类污染可以通过标准化生产进行控制。

（1）农药残留

农药使用后残留于生物体、食品（农副产品）和环境中的微量农药原体、有毒代谢物、降解物和杂质的总称，主要来源于农业生产施用的直接污染、环境的间接污染、食物链和生物富集、运输和储存过程中的二次污染等。其主要种类有有机氯类、有机磷类、氨基甲酸酯类、拟除虫菊酯类和杀菌剂类等。

（2）兽药残留

动物产品的任何可食部分所含的兽药母体化合物或代谢物，以及和兽药有关的杂质残留。来源于预防和治疗禽兽疾病、饲料添加剂、食品保鲜、改良品种等生产过程，种类有：抗生素类、磺胺类、吡喃类、雌激素类等。

（3）重金属污染

其主要来源为次生环境污染（人类活动对环境造成的污染，尤其以废弃物最严重，如汞在沉积物中检出高达 200mg/kg），部分来源于原环境（天然形成的，如未污染的土壤中，汞的平均浓度（0.007mg/kg）。重金属超标对人类健康危害极大，几种重金属标准如下：

镉（人体有高累计性，食品中限量 0.03~0.2mg/kg）；

铅（会引起体内铅蓄积，食品中限量 1~2mg/kg）；

汞（有机汞危害较大，食品中限量 0.01~0.3mg/kg）；

砷（无机砷为剧毒，食品中限量 0.1~0.7mg/kg）；

铬（Cr^{3+} 主要存在于水中，是水生生物的主要污染源食品中限量 0.3~2.0mg/kg）。

（4）硝酸盐、亚硝酸盐污染

其来源于食品添加剂（直接来源）、生物机体的合成、含氮化肥和农药的使用、工业废水和生活污水（主要来源）等，可引起癌症、甲状腺肿大、婴儿先天畸形、正铁血红蛋白症（血红蛋白本能和氧结合）等重病。

3. 生物性污染

指自然界中各类生物性污染对农产品质量安全产生的危害，如致病性细菌、病毒以及某些毒素等。此外，农业转基因技术可能导致质量安全问题。该污染具有较大的不确定性，控制难度大，如禽流感。

4. 本底性污染

指农产品产地环境中的污染物对农产品质量安全产生的危害。主要包括产地环境中水、土、气的污染，如灌溉水、土壤、大气中的重金属超标等。本底性污染治理难度最大，需要通过净化产地环境或调整种养品种等措施加以解决。

（四）农产品质量安全问题可能带来的影响

在当今日趋复杂的国际环境下，农产品质量安全问题既是个经济问题，也是个社会问题，更是个政治问题，其影响面非常大。

1. 农产品质量安全问题会危及公众健康

科学研究表明，食品中的有毒有害物质直接影响人的生长发育，诱发急性中毒和慢性疾病，甚至导致死亡。据世界卫生组织估计，每年全球有数以亿计的人口因食品污染、饮用水污染而患病。

2. 农产品质量安全问题会引发国际贸易争端

近年来，世贸组织各成员国在普遍实行关税减让后，根据世贸规则，越来越多的国家把提高食品安全标准作为技术性贸易壁垒措施，限制他国产品进入。通常的做法是采取修改技术法规、提高技术标准、严格合格评定程序，要求食品出口国生产企业具备较高的食品安全生产条件、出口产品必须取得国际认证等，提高农产品和食品进口门槛。

3. 农产品质量安全问题会影响政府公信力

从国际经验看，农产品质量安全事件会直接影响公众对政府的信任度，一些重大食品安全事件甚至会破坏社会稳定、危及国家安全。因此，能否保障食品安全，已成为衡量政府能力的重要尺度。

（五）农产品质量安全认证

我国农产品认证种类主要包括三大类。无公害农产品认证：农产品质量安全中心。绿色食品认证：中国绿色食品发展中心。有机产品认证：北京中绿华夏有机食品认证中心、生态环境部南京国环有机认证中心、中国农业科学院产业研究所有机茶认证中心等。

发展无公害农产品、绿色食品和有机农产品，既是解决农产品质量安全问题的重要措施，也是推进农业优质化生产、专业化加工、市场化发展的有效途径，更是推动农业生产方式转变、促进农业综合生产能力提高和推进农业增长方式转变的战略选择。

无公害农产品是指有毒有害物质残留量控制在安全质量允许范围内，经有关部门认定，安全质量指标符合《无公害农产品（食品）标准》的农、牧、渔产品（食用类，不包括深加工的食品）。无公害农产品是保证人们对食品质量安全最基本的需要，是最基本的市场准入条件，普通食品都应达到这一要求。

绿色食品是遵循可持续发展原则、按照特定生产方式生产、经专门机构认定、许可使用绿色食品标志的无污染的安全、优质、营养类食品。我国的绿色食品分为 A 级和 AA 级两种，其中 A 级绿色食品生产中允许限量使用化学合成生产资料，AA 级绿色食品则较为严格地要求在生产过程中不使用化学合成的肥料、农药、兽药、饲料添加剂、食品添加剂和其他有害于环境和健康的物质。按照行业标准，AA 级绿色食品等同于有机食品。从本质上讲，绿色食品是从普通食品向有机食品发展的一种过渡性产品。绿色食品标志的使用期为三年。

有机农产品（食品）是指来自于有机农业生产体系，根据国际有机农业生产要求和相应的标准生产加工的，并通过独立的有机食品认证机构认证的农副产品，包括粮食、蔬菜、水果、奶制品、禽畜产品、蜂蜜、水产品、调料等。有机食品与其他食品的区别主要有三个方面：一是有机食品在生产加工过程中绝对禁止使用农药、化肥、激素等人工合成物质，并且不允许使用基因工程技术；二是生产转型方面，从生产其他食品到有机食品需要 2~3 年的转换期，而生产其他食品（包括绿色食品和无公害食品）没有转换期的要求；三是有机食品是追求人与自然和谐发展的理念，注重生产过程控制。在我国，有机农产品要根据国家（GB/T 19630—2005）有机产品生产标准生产加工，并通过独立的有机产品认证机构认证。

第四节　农业可持续发展与生态农业

一、农业可持续发展

我国高度重视农业的可持续发展。农业发展方式转变取得积极进展，农业综合生产能力稳步提升，农业结构更加优化，农产品质量安全水平不断提高，农业资源保护水平与利用效率显著提高，农业环境突出问题治理取得阶段性成效，森林、草原、湖泊、湿地等生态系统功能得到有效恢复和增强，生物多样性衰减速度逐步减缓；到 2030 年，农业可持续发展取得显著成效。供给保障有力、资源利用高效、产地环境良好、生态系统稳定、农民生活富裕、田园风光优美的农业可持续发展新格局基本确立。

中共中央、国务院印发的《关于落实发展新理念加快农业现代化实现全面小康目标的若干意见》包括：持续夯实现代农业基础，提高农业质量效益和竞争力；加强资源保护和生态修复，推动农业绿色发展；推进农村产业融合，促进农民收入持续较快增长；推动城乡协调发展，提高新农村建设水平；深入推进农村改革，增强农村发展内生动力；加强和改善党对"三农"工作指导。其中"加强资源保护和生态修复，推动农业绿色发展"部分细致地指出了推动农业可持续发展的途径。

文件中强调的"农业绿色发展"的理念，明确解读了"农业发展"的内涵。农业绿色发展的核心还是发展，只是发展的方式发生了转变，是建立在保护资源环境的基础上的发展这就要求彻底改变过去牺牲资源环境换取农业发展的老路，农业发展要转型升级，要在保护资源环境的基础上促进农业健康发展，走一条可持续发展的道路。

把坚持农民主体地位、增进农民福祉作为农村一切工作的出发点和落脚点，用发展新理念破解"三农"新难题，厚植农业农村发展优势，加大创新驱动力度，推进农业供给侧结构性改革，加快转变农业发展方式，保持农业稳定发展和农民持续增收，走产出高效、产品安全、资源节约、环境友好的农业现代化道路，推动新型城镇化与新农村建设双轮驱动、互促共进，让广大农民平等参与现代化进程、共同分享现代化成果。这就要求我们在加快农业发展的同时，重视农业的可持续发展，谋求农业发展和环境保护双赢的格局。

（一）农业可持续发展的内涵

有关可持续发展的定义有100多种，但被广泛接受且影响最大的是世界环境与发展委员会在《我们共同的未来》中的定义。在20世纪80年代末期于东京召开的环境特别会议上，提出《我们共同的未来》的报告，该报告指出环境与发展是相互联系、相互影响的，并指出了一条人与自然和谐发展的全新的发展道路，即可持续发展道路。研究报告将"可持续发展"定义为"既满足当代人的需要，又不对后代人满足其需要的能力构成伤害的发展"。

20世纪90年代初，联合国联农组织召开的"可持续农业和农村发展国际研讨会"首次提出了"可持续农业和农村发展"的概念，即采用某种管理和保护自然资源基础的方式，以及实行技术变革和机制性改革，以确保当代人及其后代对农产品需要得到满足，这种可持续农业的发展（包括农业、林业和渔业）能维护土地、水资源、动植物遗传资源，而且不造成环境退化；同时，这种发展在技术上是适当的，在经济上是能持续下去的，并且能够为社会接受的。

我国农业发展一直以来面临巨大挑战，水土资源日益紧张，农业面临污染加重，农业生态系统退化明显，水土资源管理、生态补偿等体制机制还不健全等问题，传统的农业发展方式已难以为继，推进农业可持续发展十分紧迫。农业是中国国民经济的基础。农业与农村的可持续发展，是中国可持续发展的根本保证和优先领域。将农业可持续发展进一步明确为：保持农业生产率稳定增长，提高食物生产和保障食物安全，发展农村经济，增加农民收入，改变农村贫困落后状况，保护和改善农业生态环境，合理、永续地利用自然资源，特别是生物资源和可再生能源，以满足逐年增长的国民经济发展和人民生活的需要。

（二）农业可持续发展的特征

1. 经济可持续性发展

可持续发展的理念是在保证资源持续利用和减少环境污染的前提下鼓励经济适度的增长。但迫于人口压力，又由于长期强调"以粮为纲"，导致中国农业结构较为单一，农业结构单一明显制约了农村经济发展。出现粮食增产不增收的现象，农民收入出现负增长，无力增加农业基础建设投入同时也使自然资源的多样性得不到合理有效的利用。

所以在稳定发展粮食生产的前提下，应按照因地制宜和充分发挥资源优势的原则，积极稳妥地调整农业结构，形成结构合理的农林牧渔副全面发展的大农业格局，促进经济的增长。然而，经济的可持续发展不仅建立在经济适度增长的基础上，而且要对那种"高投入、高消耗、高污染"为特征的粗放型经济增长方式加以改变。

2. 社会可持续性发展

可持续发展不单指经济的增长，人们生活水平的提高。可持续发展的观念认为发展的本质应当包括改善人类生活质量，提高人类健康水平，并创造一个保障人们平等、自由、教育和免受暴力的社会环境。

中国的农村社会的可持续发展应该始终将人的要素作为第一要素来考虑。我国农业劳动者文化技术素质低，使他们的择业机会小、就业率低，不仅影响到农民的收入，而且也阻碍新技术的应用、经营规模的扩大和劳动生产率的提高。这就要求增加教育经费，鼓励社会办学，加快发展乡村职业学校教育、加强农民技术教育。并且推动具有经济、社会、文化、生活多种功能于一体的乡镇中心的形成和发展。这种关心到人们生活方方面面的"发展"才是可持续的发展。

3. 生态可持续性发展

可持续发展必须是建立在资源的可持续利用和良好的生态环境的基础上的发展。当代资源浪费和生态环境恶化等问题日益突出，已经向人类提出了严峻的挑战。在目前情况下，任何一个国家在发展经济的过程中，都要考虑资源的可持续利用和生态环境的保护。

（三）农业可持续发展的目标

1. 保持农业生产稳定增长，提高粮食生产和保障粮食安全

粮食安全是指能够有效地提供全体居民以数量充足、结构合理、质量达标的基本食品。一是要保障人均食物占有量充足，提高食物产量。我国随着人口数量的逐年增长，正面临着人均占有食品逐年下降的情况。二是要建立各级食物生产基地，包括商品粮基地以

及畜产品、水产品、水果、蔬菜生产基地，提高食品环境质量，发展无污染的绿色食品，以保障食物的有效供给和增加供给的多样性。目前就大中城市来看，食品结构中肉类、蛋类、奶类、水产品、蔬菜、水果供应所占比例已明显增加，但是在许多地区这类食品的供给水平较低，而且往往不稳定。三是要按照食物安全要求，为人民群众提供无污染和高质量的食品，对农作物被化肥农药等污染的情况给予充分重视。

2. 发展农村经济，增加农民收入，改变农村贫困落后状况

一是要大力推进农民奔小康，增加农民收入，减少农村地区的贫困人口，提高农民生活水平，使农民尽快过上富裕的生活。二是要促进城乡公共资源均衡配置、城乡要素平等交换，稳步提高城乡基本公共服务均等化水平。进一步推动农民居住、交通、供水、用能、卫生等方面的建设，逐步形成现代化的农村乡镇中心，缩小城乡居民的差距。

3. 保护和改善农业生态环境

农业的可持续发展必然建立在农业生态环境可持续发展的基础之上。一是自然资源是进行生产和发展的必备条件，但是由于长期以来土地和生物资源开发不合理，保护措施跟不上，我国农业的资源衰减和土地退化都很严重，因此要合理、永续地利用自然资源，特别是生物资源和可再生能源；二是生态环境是人类赖以生存的基本条件，不合理地开发利用自然资源所造成的生态环境破坏已严重威胁到了人类的生存发展。因此，人类今后在生产和生活中必须加强对环境的保护，减少污染物的排放，减少因农药污染带来的环境污染。

资源的可持续利用，生态环境的保护，是深入贯彻落实科学发展观、实现农业可持续发展的内在要求。

二、生态农业建设

（一）生态农业概述

1. 生态农业概念

生态农业一词是美国土壤学家威廉·阿尔伯维奇于 20 世纪 70 年代首次提出的，这一概念提出后很快得到人们的普遍重视。英国学者沃辛顿于 20 世纪 80 年代在《生态农业及其有关技术》一书中将生态农业定义为：生态上能自我维持，低输入的、经济上有生命力的、目标在于不产生大的和长远的环境方面或伦理方面和审美方面不可接受的变化的小型农业系统。

我们一般采用的生态农业的概念，是陈耀邦在《可持续发展战略读本》中提出的，它

是指：在经济和环境协调发展前提下，总结吸收各种农业方式的成功经验，按照生态学原理，应用系统工程方法建立和发展的农业体系。它要求把发展粮食与多种经济作物生产相结合，发展大田种植与林、牧、副、渔业，发展大农业与第二、三产业相结合，通过人工设计生态工程、协调发展与环境之间、资源利用与保护之间的矛盾，形成生态上与经济良性循环，经济、生态、社会三大效益的统一。通过用系统学和生态学规律指导农业和农业生态系统结构的调整与优化，改善其功能。

2. 生态农业的特点

生态农业是一个统一的有机整体，它通过对各类农作物进行搭配种植，有效利用农业资源，最大限度地减少农业资源消耗，防止生态环境污染，实现生态与经济的良性循环。陈耀邦等主编的《可持续发展战略读本》一书中将中国发展生态农业的模式概括为以下四个特点。

（1）综合性

生态农业强调发挥农业生态系统的整体功能，以大农业为出发点，按"整体、协调、循环、再生"的原则，全面规划、调整和优化农业结构，使农、林、牧、副、渔各业和农村一、二、三产业协调发展，并使各业之间互相支持、相得益彰，提高综合生产能力。

（2）多样性

生态农业针对我国地域辽阔，各地自然条件、资源基础、经济与社会发展水平差异较大的情况，充分吸收我国传统农业精华，结合现代科学技术，以多种生态模式、生态工程和丰富多彩的技术装备农业生产，使各地区都能扬长避短，充分发挥地区优势，各产业都根据社会需要与当地实际协调发展。

（3）高效性

生态农业通过各种物质产品的提供来满足管理者的经济需求，比传统的农业生产类型具有更高的稳定性。它通过系统中的有机物质的循环和能量多层次综合利用和系列化深加工，实现经济增值，实行废弃物做到资源化利用，以降低农业发展成本，提高效益，为农村大量剩余劳动力创造就业机会，提高农民从事农业生产的积极性；同时又具有很高的生态效益，能够满足公众对环境保护的要求；产生和实现较高的经济效益、生态效益、社会效益。

（4）持续性

生态农业以生态环境建设为基础，坚持生态环境建设与农业经济发展相结合，发展生态农业能够保护和改善生态环境，防治污染，维护生态平衡，提高农产品的安全性，变农业和农村经济的常规发展为持续发展，把环境建设同经济发展紧密结合起来，在最大限度地满足人们对农产品日益增长的需求的同时，提高生态系统的稳定性和持续性，增强农业发展的后劲。

3. 生态农业建设的目标

生态农业作为一个人工再造的生态系统，是一个统一的有机整体。生态农业建设应实现以下目标。

（1）降低外部农业物质投入，提高农业生产的综合效益

因地制宜地选择农作物的品种，彼此之间结构合理、相互协调，从而提高农产品的生产率，实现较高的生物产量。重视并大力推广能够降低外部投入的农业生物、有机技术的应用，降低农业生产中化肥和农药的使用强度。

（2）提高农业经济效益和增加农民收入

生态农业转变了那种以"高投入、高消耗、高污染"为特征的不可持续的农业发展模式，在寻求经济增长的同时，重视对环境保护的管理和污染的监控，建立了农村经济与生态环境协调发展的机制。

生态农业调整了过往单一的经济结构，以市场为导向，形成了以种植业—养殖业—加工业配套的农业产业链。通过对农产品的深加工，使其经济价值增值，从而增加了经济效益。

（3）实现生态最佳动态平衡

生态农业要求按照因地制宜的原则合理安排农产品结构，在资源可更新范围内对资源加以利用，对土地资源、水资源、气候资源、生物资源等可更新资源利用的同时，要注意培育和增值自然资源，要做到对自然资源"有取有补"。因此，生态农业对保持生态平衡意义重大，是螺旋形向前发展的最佳动态平衡，可以说，这是生态可持续性在农业生产领域里的最佳实现形式。

4. 生态农业建设的原则

其中就发展生态农业实现农业可持续发展战略提出了必须坚持农业生产与资源环境承载力相匹配、创新驱动与依法治理相协同、当前治理与长期保护相统一、试点先行与示范推广相统筹、市场机制与政府引导相结合等五项基本原则。

（1）坚持生产发展与资源环境承载力相匹配

要坚守耕地红线、水资源红线和生态保护红线，优化农业生产力布局，提高规模化集约化水平，确保国家粮食安全和主要农产品的有效供给。因地制宜地妥善处理好农业生产与环境治理、生态修复之间的关系，加快推进农业环境问题治理，不断加强农业生态保护与建设，促进资源永续利用，增强农业综合生产能力和防灾减灾能力，提升农业生产与资

源承载能力和环境容量的匹配度。

（2）坚持创新驱动与依法治理相协同

大力推进农业科技创新和体制机制创新，推进科学种养，着力增强创新驱动发展新动力，促进农业发展方式转变。强化法制观念和思维，完善生态农业保护法律法规体系，依法促进科技创新、资源保护、环境治理的生态农业可持续发展支撑体系。

（3）坚持当前治理与长期保护相统一

将生态建设与管理放在突出位置，树立生态农业发展就是保护和发展生产力的理念，控制农业内源外源污染，加大保护治理力度，推动构建农业可持续发展长效机制，促进农业资源永续利用，提升农业生态系统的自我修复能力。

（4）坚持试点先行与示范推广相统筹

充分认识生态农业发展的综合性和系统性，因地制宜地开展试点工作，着力解决制约农业发展的技术难题。

（5）坚持市场机制与政府引导相结合

着力构建公平公正、诚实守信的市场环境，努力培养专业生态农业运营师，积极引导鼓励各类社会资源参与农业资源保护、环境治理和生态修复，调动农民积极性，切实履行好顶层设计、政策引导、投入支持、执法监管等方面的职责。

（二）生态农业建设的模式

发展生态农业的核心和基础是促进农业发展模式转型。因此，根据不同地区的生态、经济、社会条件选择和组建较为适宜的生态农业发展模式并对其进行优化，是我国生态农业推广与建设水平提高的重要任务。

生态农业学会认为，生态农业发展模式主要是指通过吸收和总结国内外农业生产的经验和教训，通过合理开发和综合利用农业资源，建立协调和谐的生态系统，通过合理运用自然界的转化循环原理，建立无废物、无污染的农业生产体系。

生态农业发展模式是在生态农业的建设和发展中不断探索和建立起来的，是各地农民智慧的结晶。

1. 立体开发型

立体开发型是根据土、光、水、气、热等自然资源和不同农业生物特征、特性，通过种植业、养殖业、加工业的巧妙结合，进行立体种养，建立多物种共栖、多层次配置、多级质能循环利用的立体模式及其综合性技术。

这种模式是一种充分利用山地资源，合理安排种植业空间结构，实行多元复合式的立体开发、综合经营型的模式，适用于山区生态农业和庭院生态农业建设。立体开发型生态农业模式的垂直结构明显，从山上到山下，从地上到地下，形成了林、参、果、粮、畜、稻、鱼、矿等多元复合或立体生态农业结构。具体有如下类型。①种植业空间立体开发型：利用生态学种间互补、共生互惠原理和加厚利用层，实行多层次的生物复合群体，使生物种类组成一个互利的立体体系。②山区资源立体开发型：靠山吃山，用山养山，充分利用山区资源，发展山区经济。③庭院生态农业立体开发型：根据不同作物种类的不同生长特性，充分利用其生长过程中的空间差和时间差，合理进行多种配置，形成多物种、多层次的立体结构，以充分利用空间，提高水、气、温、土的利用率。

2. 综合经营型

这种模式是充分发挥当地自然资源优势，合理利用各种资源，运用生态经济学原理，建立多元化复合式的结构，形成农、林、牧、副、渔等相结合的经营生产体系。

3. 庭院生态型

这是我国最近几年迅速发展起来的一种生态农业发展模式，家庭联产承包责任制实施以后，广大农民自觉或不自觉地运用了生态经济学原理，利用房前屋后的空闲庭院进行立体经营，把居住环境与生产环境有机地结合起来，达到了充分利用每一寸土地资源和光能资源，既美化了生活环境又增加了经济收入。其主要类型有集约种植型、种养立体型、生态循环型。

4. 能源型

这种模式是在资源贫乏、能源短缺，燃料、饲料、肥料矛盾非常集中的情况下建立起来的一种节能开发型模式。它通过节能、新能源开发利用等形式，确保当地环境及经济建设步入良性循环轨道。

5. 生态农业的典型模式

（1）北方"四位一体"生态模式

"四位一体"生态模式是指在自然调控与人工调控相结合条件下，利用可再生能源（沼气、太阳能）、保护地栽培（大棚蔬菜）、日光温室养猪及厕所等四个因子，通过合理配置形成以太阳能、沼气为能源，以沼渣、沼液为肥源，实现种植业（蔬菜）、养殖业（猪、鸡）相结合的能流、物流良性循环系统，这是一种资源高效利用，综合效益明显的生态农业模式。运用本模式冬季北方地区室内外温差可达30℃以上，温室内的喜温果蔬正常生长、畜禽饲养、沼气发酵安全可靠。

这种生态模式是依据生态学、生物学、经济学、系统工程学原理，以土地资源为基础，以太阳能为动力，以沼气为纽带，进行综合开发利用的种养生态模式。通过生物转换技术，在同地块土地上将节能日光温室、沼气池、畜禽舍、蔬菜生产等有机地结合在一起，形成一个产气、积肥同步，种养并举，能源、物流良性循环的能源生态系统工程。

这种模式能充分利用秸秆资源，化害为利，变废为宝，是解决环境污染的最佳方式，并兼有提供能源与肥料，改善生态环境等综合效益，具有广阔的发展前景，为促进高产高效的优质农业和无公害绿色食品生产开创了一条有效的途径。

（2）南方猪沼果生态模式

南方猪沼果生态模式是指利用山地、农田、水面、庭院等资源，采用"沼气池、猪舍、厕所"三结合工程，围绕主导产业，因地制宜地开展"三沼（沼气、沼渣、沼液）"综合利用，从而实现对农业资源的高效利用和生态环境建设、提高农产品质量、增加农民收入等效果。工程的果园（或蔬菜、鱼池等）面积、生猪养殖规模、沼气池容积必须合理组合。

其中沼气用于农户日常做饭点灯，沼肥（沼渣）用于果树或其他农作物，沼液用于拌饲料喂养生猪，果园可以套种蔬菜和饲料作物，从而保证了育肥猪的饲料供给。农户除养猪外，还包括养牛、养鸡等养殖业；果业也可包括粮食、蔬菜、经济作物等种植业。

（3）农林牧复合生态模式

农林牧复合生态模式是指借助接口技术或资源利用在时空上的互补性所形成的两个以上产业的复合生产模式（所谓接口技术是指联结不同产业或不同组分之间物质循环与能量转换的连接技术，如种植业为养殖业提供饲料饲草，养殖业为种植业提供有机肥，其中利用秸秆转化饲料技术、利用粪便发酵和有机肥生产技术均属接口技术，是平原农牧业持续发展的关键技术）。平原农区是我国粮、棉、油等大宗农产品和畜产品乃至蔬菜、林果产品的主要产区，进一步挖掘农林、农牧、林牧不同产业之间的相互促进、协调发展的能力，对于我国的食物安全和农业自身的生态环境保护具有重要意义。这种模式又具体分为以下三种。

① "粮饲-猪-沼-肥"生态模式

一是种植业由传统的粮食生产一元结构或粮食、经济作物生产二元结构向粮食作物、经济作物、饲料饲草作物三元结构发展，饲料饲草作物正式分化为一个独立的产业，为农区饲料业和养殖业奠定物质基础；二是进行秸秆青贮、氨化和干堆发酵，开发秸秆饲料用于养殖业，主要是养牛业；三是利用规模化养殖场畜禽粪便生产有机肥，用于种植业生产；四是利用畜禽粪便进行沼气发酵，同时生产沼渣沼液，开发优质有机肥，用于作物生产。主要有粮-猪-沼-肥、草地养鸡、种草养鹅等模式。

② "林果-粮经"立体生态模式

该模式在国际上统称农林业或农林复合系统，主要是利用农作物和林果之间在时空上利用资源的差异和互补关系，在林果株行距中间开阔地带种植粮食、经济作物、蔬菜、药材乃至瓜类，形成不同类型的农林复合种植模式，也是立体种植的主要生产形式，一般能够获得较单一种植模式更高的综合效益。

③"林果–畜禽"复合生态模式

该模式是在林地或果园内放养各种经济动物，放养动物等，以野生取食为主，辅以必要的人工饲养，生产较集约化养殖更为优质、安全的多种畜禽产品，接近有机食品。主要有"林–鱼–鸭""胶林养牛（鸡）""山林养鸡""果园养鸡（兔）"等典型模式。

（4）观光生态农业模式

观光生态农业模式是指以生态农业为基础，强化农业的观光、休闲、教育和自然等多功能特征，形成具有第三产业特征的一种农业生产经营形式。具体形式有以下四种。

①高科技生态农业园

主要以设施农业（连栋温室）、组配车间、工厂化育苗、无土栽培、转基因品种繁育、航天育种、克隆动物育种等农业高新技术产业或技术示范为基础，并通过生态模式加以合理联结，再配以独具观光价值的珍稀农作物、养殖动物、花卉、果品以及农业科普教育（如农业专家系统、多媒体演示）和产品销售等多种形式，形成以高科技为主要特点的生态农业观光园。

②精品型生态农业公园

通过生态关系将农业的不同产业、不同生产模式、不同生产品种或技术组合在一起，建立具有观光功能的精品型生态农业公园。一般包括粮食、蔬菜、花卉、水果、瓜类和特种经济动物养殖精品生产展示、传统与现代农业工具展示、利用植物塑造多种动物造型、利用草坪和鱼塘以及盆花塑造各种观赏图案与造型，形成综合观光生态农业园区。

③生态观光村

专指已经产生明显社会影响的生态村，它不仅具有一般生态村的特点和功能（如村庄经过统一规划建设、绿化美化环境卫生清洁管理，村民普遍采用沼气、太阳能或秸秆气化，农户庭院进行生态经济建设与开发，村外种养加生产按生态农业产业化进行经营管理等），而且由于具有广泛的社会影响，已经具有较高的参观访问价值，具有较为稳定的客流，可以作为观光产业进行统一经营管理。

④生态农庄

一般由农业企业利用特有的自然和特色农业优势，经过科学规划和建设，形成具有生产、观光、休闲度假、娱乐乃至承办会议等综合功能的经营性生态农庄，这些农庄往往拥有赏花、垂钓、采摘、餐饮、健身、狩猎等功能。

（三）生态农业建设发展方向

1. 完善保障体系

我国应切实保证农业发展对资金的要求，健全农业可持续发展投入保障体系，推动投资方向由生产领域向生产与生态并重转变，投资重点向保障国家粮食安全和主要农产品供给、推进农业可持续发展倾斜；要充分发挥市场配置资源的决定性作用，建立起"以国家投资为导向、以信贷资金为支柱、以合作经济为基础、以家庭经营为细胞、以利用外资和横向资金为补充的多层次、多渠道"的主体多元化的农业投资体系；完善财政等激励政策，落实税收政策，推行第三方运行管理、政府购买服务、成立农村环保合作社等方式，引导各方力量投向农村资源环境保护领域；切实提高资金管理和使用效益，健全完善监督检查、绩效评价和问责机制。

2. 推进农业产业化经营

农业产业化是中国农业和农村发展的重要取向，也是发展生态农业的重要途径。农业产业化的关键是多渠道、多形式地筹措发展资金，结合当地资源优势，扶持一批龙头企业加快发展。鼓励采取"公司+农户""龙头企业+基地建设"和"订单农业"等多种经营方式。

3. 健全激励机制

要重视生态农业关键技术的开发、示范和推广工作，加大对农民建设沼气池、购置秸秆还田机械、测土配方施肥的财政补贴力度，引导农村金融机构对发展生态农业的农户和龙头企业给予贷款支持。建立和完善无公害农产品和绿色产品标识制度，鼓励公众购买生态农业方式生产的农产品。

4. 优化农业科学技术

农业科学技术的进步包括农业技术的研究开发、推广和应用等三个必不可少的环节。①建立健全科技投入机制。我国各级政府应加强对农业技术的重视，增加对农业科技基础研究、农业技术开发研究的资金投入，进一步调整和完善我国农业科技投入的结构、方式。②加快科技体制机制改革，促进农业技术推广。加快农业科技体制改革、适应我国农业科技进步的进程。进一步加大基层农技推广体系改革与建设力度，提升农业技术推广力度。③促进成果转化。建立科技成果转化交易平台，按照利益共享、风险共担的原则，积极探索"项目+基地+企业""科研院所+高校+生产单位+龙头企业"等现代农业技术集成与示范转化模式。

5. 加强人才培养

加强对我国广大劳动人民的教育和培训，强化农业可持续发展的理念和实用技术培训，有效提高我国农民的科技文化综合素质，为农业可持续发展提供坚实的人才保障。

第七章 "互联网+"时代下的农业经济发展与管理

第一节 "互联网+"农业生产

一、"互联网+"种植业

农业物联网技术在农业生产方面的具体应用十分广泛，对于在什么时候施肥、要施多少肥料、选用哪种肥料等问题，以及播种、灌溉、施肥、除草、防治病虫害、收获等的确定，都可以依靠农业物联网技术实现，不劳累而且精确，从此改变农民靠经验来种田的习惯。

（一）智能设施农业

智能设施农业提高了种植产量和生产效率，越来越多的农民在当地龙头企业以及专业合作社的带动下，投身智能农业，增收致富。互联网农业是指将互联网技术与农业生产、加工销售等产业链环节结合，实现农业发展科技化、智能化、信息化的农业发展方式。"互联网+"带动传统农业升级。目前，物联网、大数据、电子商务等互联网技术越来越多地应用在农业生产领域，并在一定程度上加速了转变农业生产方式、发展现代农业的步伐。

互联网技术深刻运用的智能农业模式，以计算机为中心，是对当前信息技术的综合集成，集感知、传输、控制、作业为一体，将农业的标准化、规范化大大向前推进了一步，不仅节省了人力成本，也提高了品质控制能力，增强了对自然风险的抗击能力，正在得到日益广泛的推广。互联网营销综合运用电商模式，农业电子商务是一种电子化交易活动，它是以农业的生产为基础，其中包括农业生产的管理、农产品的网络营销、电子支付、物流管理等。它是以信息技术和全球化网络系统为支撑点，构架类似 B2B、B2C 的综合平台支持，提供网上交易、拍卖、电子支付、物流配送等功能，主要从事与农产品产、供、销等环节相关的电子化商务服务，并充分消化利用。

将互联网与农业产业的生产、加工、销售等环节充分融合。用互联网技术去改造生产环节提高生产水平，管控整个生产经营过程，确保产品品质，对产品营销进行了创新设计，将传统隔离的农业一、二、三产业环节打通，形成完备的产业链。其优势在于三方面：第一，通过物联网实时监测，应用大数据进行分析和预测，实现精准农业，降低单位成本，提高单位产量；第二，互联网技术推动农场的信息化管理，实现工厂化的流程式运作，进一步提升经营效率，更有助于先进模式的推广复制；第三，"互联网+农业"不仅能够催生巨大数据搜集、信息平台建设等技术服务需求，同时也为生产打开了更大的农资产品销售空间。

互联网农业创新的实际意义在于提高效率，降低风险，数据可视化，市场可视化，使生产产量可控；打破传统，重新构建了农产品流通模式，突破了传统农产品生产模式，建立新的信息来源模式；农产品链条化，纵向拉长产业结构；实现信息共享，了解更多最新最全信息。

（二）智能大田种植

我国现在的农业生产模式正处于家庭联产承包责任制向大田种植模式的过渡阶段，大田种植模式是我国现代农业的发展方向。大田种植信息化是运用通信技术、计算机技术和微电子技术等现代信息技术在产前农田资源管理、产中农情监测和精细农业作业中的应用和普及程度，主要包括农田管理与测土配方系统、墒情气象监控系统、作物长势监测系统、病虫害预测预报与防控系统和精细作业系统。

我国农田信息管理系统开始在农场使用，内蒙古、新疆生产建设兵团、黑龙江农垦等使用农田信息管理系统对农田地块及土壤、作物、种植历史、生产等进行数字化管理，实现了信息的准确处理、系统分析和充分有效利用，并及时对电子地图进行不断的更新维护，确保农田一手数据的时效和准确性。把现代科技手段运用到大田种植生产过程之中，减少了人力资源，获得更大的产出，实现单位面积上大田种植的效益最大化是我国研究大田种植的根本目的，今后我国大田种植信息化发展是以"精细农业"为核心的数字化、智能化、精准化、管理信息化和服务网络化等发展模式，以信息化带动现代化，通过信息技术改造传统大农种植业，装备现代农业，以信息服务实现生产与市场的对接，遥感技术、地理信息系统、全球定位系统，作物生长模拟以及人工智能和各种数据库等结合与集成应用到大田作物生产中，通过计算机系统进行科学的生产管理。

智能农业大田种植智能管理系统，是针对农业大田种植分布广、监测点多、布线和供电困难等特点，利用物联网技术，采用高精度土壤温湿度传感器和智能气象站，远程在线采集墒情、气象信息，实现墒情自动预报、灌溉用水量智能决策、远程/自动控制灌溉设备等功能。

智能农业大田种植智能管理系统中物联网信息采集可分为地面信息采集和地下或水下的信息采集两部分。

1. 地面信息采集

一是使用地面温度、湿度、光照、光合有效辐射传感器采集信息可以及时掌握大田作物生长情况，当作物因这些因素生长受限，用户可快速反应，采取应急措施；二是使用雨量、风速、风向、气压传感器可收集大量气象信息，当这些信息超出正常值范围，用户可及时采取防范措施，减轻自然灾害带来的损失。如强降雨来临前，打开大田蓄水口。

2. 地下或水下信息采集

一是可实现地下或水下土壤温度、水分、水位、氮磷钾、溶氧、pH 值的信息采集。二是检测土壤温度、水分、水位，是为了实现合理灌溉，杜绝水源浪费和大量灌溉导致的土壤养分流失。三是检测氮磷钾、溶氧、pH 值信息，是为了全面检测土壤养分含量，准确指导水田合理施肥，提高产量，避免由于过量施肥导致的环境问题。

3. 视频监控

视频监控系统是指安装摄像机通过同轴视频电缆将图像传输到控制主机，实时得到植物生长信息，在监控中心或异地互联网上即可随时看到作物的生长情况。

4. 报警系统

用户可在主机系统上对每一个传感器设备设定合理范围，当地面、地下或水下信息超出设定范围时，报警系统可将田间信息通过手机短信和弹出到主机界面两种方式告知用户。用户可通过视频监控查看田间情况，然后采取合理方式应对田间具体发生状况。

5. 专家指导系统

它和系统中农作物最适生长模型、病害发生模型进行比较。一方面，系统可以直接将这些关键数据通过手机或手持终端发送给农户、技术员、农业专家等，为指导农业生产提供详细实时的一手数据；另一方面，系统通过对数据的运算和分析，可以对农作物生产和病害的发生等发出报警和专家指导，方便农户提前采取措施，降低农业生产风险和成本，提高农产品的品质和附加值。

在现代的大田种植中，通过应用物联网研发的大田种植智能控制系统，只需要用手指点一点，就可以实现田间种植情况远程化监控、实时化管理，非常方便，实现大田种植的智能化。大田种植监控系统除了能提高大田种植的智能化、信息化水平，提高农作物质量产量之外，还可以通过发布远程指令对农业大棚进行操控，减少人力劳动成本，变相增加农作物的产出效益。应用智慧大棚系统后，只需要点点手机上的客户端，就可以远程自动实现开棚透气、关棚避雨、浇水施肥等功能，减少了种植过程中的人力投入，经济效益大大增加。

目前，各大农业地区都在积极试点，争取突破以往的生产模式，通过运行大田种植监控系统等新型农业物联网技术，为当地农业注入新鲜的科技力量，创造更大的农业价值，帮助农民创富增收。

二、"互联网+"养殖业

随着规模化、集约化养殖业的发展和人力资源的短缺，自动化养殖将成为发展趋势，准确高效地监测动物个体信息有利于分析动物的生理、健康和福利状况，是实现福利养殖和肉品溯源的基础。目前生产中主要依靠人工观测的方式监测动物个体信息，耗费大量的时间和精力，且主观性强。随着信息技术的发展，国外学者对畜禽养殖动物个体信息监测方法和技术进行了大量研究，利用采集的动物个体信息，分析动物的生理、健康、福利等状况，为畜禽养殖生产提供指导，而国内在这一领域的研究仍处于起步阶段。

（一）智慧畜禽养殖

"互联网+"给畜禽业带来巨大变革。越来越多的畜禽从业者开始体会到科技应用带来的巨变，并在实践中将这些先进技术运用到整条产业链中，使传统畜牧业更具"智慧"。从近年来国内外研究现状来看，畜禽养殖动物个体信息监测研究大多围绕自动化福利养殖展开，通过研究提高了动物个体信息监测的自动化程度和精度，大幅降低了信息监测消耗的人力，但还存在一些需要进一步探讨和研究的问题，主要包括以下几个方面。第一，动物行为监测智能装备研发。准确高效地采集动物个体信息是分析动物生理、健康和福利状况的基础。目前无线射频识别（RFID）技术在畜禽业中得到广泛应用，对于动物的体重、发情行为、饮食行为等信息监测已有大量研究成果，但对于动物的母性行为、饮水、分娩、疾病等信息监测系统研究与实现鲜见报道。动物行为监测传感器大多需要放置于动物身上或体内，这对监测设备的体积、能耗、防水和无线传输等方面都有较高的要求，后续研究需要针对复杂环境下不同行为研发相应的行为监测智能化设备。第二，动物行为模型构建与健康分析。动物行为模型构建是指在动物叫声音频信息、活动视频信息、传感器采集的运动等信息与动物行为分类间建立映射关系，通过音视频和其他传感技术对动物行为进行分类。分析实时采集的动物个体信息，研究动物不同生长阶段的行为规律，与动物行为模型进行对比，超过一定阈值时进行预警。第三，动物福利养殖信息管理系统。动物个体信息与环境、饲养方式、品种以及动物个体与个体之间都有影响，从规模化养殖中采集到的大量动物个体信息数据，如何综合分析，从海量数据中挖掘出有用信息，并建立动物福利养殖信息管理系统还需要进一步研究。

（二）智慧水产养殖

近年来，人们逐渐意识到了环保的重要性，也意识到了传统水产养殖业的低级粗放。为了解决传统水产养殖业经济效益放缓和环境污染的问题，"物联网水产技术"作为一个新事物跃入了人们的视野。

我国是世界上第一大水产养殖国，在养殖规模和养殖产量上都位居世界前列。但随着养殖种类的扩大和水资源的开发利用逐渐饱和，传统养殖手段容易造成水体污染、水产品品质下降等不利后果。因此不得不抛弃以往粗放式的完全依靠经验进行水产养殖的方式，通过利用新兴技术及时准确地获得养殖环境的数据，做出高效及时的调节成为一种必然。在这种背景下，物联网技术的引入使高效、高产、环保、节约人力成本的水产养殖成为可能。物联网系统以其智能化、可靠性、适应环境能力强等优良特性日益受到人们青睐，以物联网为基础的智能家居，智慧农业等系统逐步走进人们的生活。

长期以来我国水产行业的发展周期长、劳动强度大、生产效率低、对环境破坏严重，这些都严重制约了我国水产养殖行业的健康发展；面对我国日益增长的水产品消费人群，以及大众对绿色环保的水产品要求不断提高，传统的养殖方式越来越不能满足大众的需求。而物联网技术的发展为这一问题的解决提供了有利的支撑。根据调查结果显示，使用物联网技术实施水产养殖的水产品品质远远优于粗放式养殖的水产品，同时可以有效节约成本达 20% 以上，使渔民亩产增收 1000 元以上。在提高水产品品质和节约人力成本的同时对于环境的破坏也明显改善，同时可以为防治水体污染提供数据支持。因此物联网的应用使养殖自动化成为未来水产养殖的趋势。伴随着科技的发展，智能水产养殖逐渐成了可能。以智能传感技术、智能处理技术及智能控制技术等物联网技术的智能水产养殖系统为代表，一系列拥有信息实时采集、信号无线传输、智能处理控制、预测预警信息发布和辅助决策提供等功能于一体，通过对水质参数的准确检测、数据的可靠传输、信息的智能处理以及控制机构的智能化自动化的设备已经成功地帮助养殖户实现了新时代水产养殖的自动化科学管理。

发展智慧型渔业，其实质是用现代先进的数字技术、信息技术装备传统的渔业生产，以提高渔业生产的科技水平，使渔业生产不受气候、赤潮等影响，还可更好地控制成本。利用信息技术对农业生产的各个要素进行数字化设计、智能化控制、精准化运行及科学化管理，力求能减少农业消耗，降低生产成本，提高产业效益。作为物联网水产科技的代表，水产养殖环境智能监控系统是面向新时代水产养殖高效、生态、安全的发展需求，基于物联网技术的使用，它是集水质采集、智能组网、无线传输、智能处理、预警报告、决策支持、智能控制等功能于一身的物联网水产系统，概而言之，渔民们无须担心其他事情，只需智能手机在手，便可养鱼无忧。

智慧水产养殖系统由智能化电脑控制系统和水循环系统两部分组成。智能化电脑控制系统包括系统软件、360°探头、水下感应器、养殖设备、互联网服务器等软硬件构成；水循环系统包括过滤设备和微生物降解设备。在智能控制中心，监视屏上方正显示鱼塘实时的监控画面，下方显示出每个鱼塘的溶氧量、水温、pH 值等各项指标。即使你不亲自去现场，水塘的环境情况也会一目了然。如果某项数值超过或低于警戒值，系统就会自动启动相应设备处理问题。而这一切都是依靠互联网连接智慧渔业养殖系统来完成。系统跟养殖者的手机对接上，就随时可以监控养殖情况。真正地做到"坐着喝茶就能养鱼"。当然，养殖过程会产生排泄物，令水中的氨氮含量以及其他杂质增多，导致溶氧量降低。这个时候系统上就会显示警戒指标，并启动水循环设备，确保鱼塘不仅全天候恒温，水质也保持在适宜鱼生长的环境。到了投饵的时间，与系统相连的智能打印机将根据当前水文环境打印出投饵方案，按照方案直接投饵就可以了。

三、"互联网+"林业

"互联网+林业"充分利用移动互联网、物联网、云计算、大数据等新一代信息技术，通过感知化、物联化、智能化的手段，形成林业立体感知、管理协同高效、生态价值凸显、服务内外一体的林业发展新模式，其核心就是利用现代信息技术，建立一种智慧化发展的长效机制。具体来讲，"互联网+林业"应具备以下特性。一是信息资源数字化。实现林业信息实时采集、快速传输、海量存储、智能分析、共建共享。二是资源相互感知化。通过传感设备和智能终端，使林业系统中的森林、湿地、野生动植物等林业资源可以相互感知，能随时获取需要的数据和信息。三是信息传输互联化。建立横向贯通、纵向顺畅，遍布各个末梢的网络系统，实现信息传输快捷，交互共享便捷。四是系统管控智能化。利用物联网、云计算、大数据等方面的技术，实现快捷、精准的信息采集、计算、处理等。同时，利用各种传感设备、智能终端、自动化装备等实现管理服务的智能化。五是体系运转一体化。林业信息化与生态化、产业化、城镇化融为一体，使"互联网+林业"成为一个更多功能的生态圈。六是管理服务协同化。在政府、企业、林农等各主体之间，在林业规划、管理、服务等各功能单位之间，在林权管理、林业灾害监管、林业产业振兴、移动办公和林业工程监督等林业政务工作的各环节实现业务协同。七是创新发展强大生态化。利用先进的理念和技术，丰富林业自然资源、开发完善林业生态系统、科学构建林业生态文明，并融入整个社会发展的生态文明体系之中，保持林业生态系统持续发展强大。八是综合效益最优化。形成生态优先、产业绿色、文明显著的智慧林业体系，做到投入更低、效益更好，实现综合效益最优。

（一）智慧林业的含义和特征

"智慧林业"这一概念提出的时间较短，而且迄今尚没有公认的定义。据《中国智慧林业发展指导意见》中对智慧林业的解释，其基本内涵是指充分利用云计算、物联网、移动互联网、大数据等新一代信息技术，通过感知化、物联化、智能化的手段，形成林业立体感知、管理协同高效、生态价值凸显、服务内外一体的林业发展新模式。智慧林业是智慧地球的重要组成部分，是未来林业创新发展的必由之路，是统领未来林业工作、拓展林业技术应用、提升林业管理水平、增强林业发展质量、促进林业可持续发展的重要支撑和保障。智慧林业与智慧地球、美丽中国紧密相连；智慧林业的核心是利用现代信息技术，建立一种智慧化发展的长效机制，实现林业高效高质发展；智慧林业的关键是通过制定统一的技术标准及管理服务规范，形成互动化、一体化、主动化的运行模式；智慧林业的目的是促进林业资源管理、生态系统构建、绿色产业发展等协同化推进，实现生态、经济、社会综合效益最大化。

智慧林业的本质是以人为本的林业发展新模式，不断提高生态林业和民生林业发展水平，实现林业的智能、安全、生态、和谐。智慧林业主要是通过立体感知体系、管理协同体系、生态价值体系、服务便捷体系等来体现智慧林业的智慧。具体内容有五点。一是林业资源感知体系更加深入。通过智慧林业立体感知体系的建设，实现空中、地上、地下感知系统全覆盖，可以随时随地感知各种林业资源。二是林业政务系统上下左右通畅。通过打造国家、省、市、县一体化的林业政务系统，实现林业政务系统一体化、协同化，即上下左右信息充分共享、业务全面协同，并与其他相关行业政务系统链接。三是林业建设管理低成本高效益。通过智慧林业的科学规划建设，实现真正的共建共享，使各项工建设成本最低，管理投入最少，效益更高。四是林业民生服务智能更便捷。通过智慧林业管理服务体系的一体化、主动化建设，使林农、林企等可以便捷地获取各项服务，达到时间更短、质量更高。五是林业生态文明理念更深入。通过智慧林业生态价值体系的建立及生态成果的推广应用，使生态文明的理念深入社会各领域、各阶层，使生态文明成为社会发展的基本理念。

智慧林业包括基础性、应用性、本质性的特征体系，其中基础性特征包括数字化、感知化、互联化、智能化；应用性特征包括一体化、协同化；本质性特征包括生态化、最优化。即智慧林业是基于数字化、感知化、互联化、智能化，实现一体化、协同化、生态化、最优化。林业信息资源数字化实现林业信息实时采集、快速传输、海量存储、智能分析、共建共享。

林业资源相互感知化是利用传感设备和智能终端，使林业系统中的森林、湿地、沙地、野生动植物等林业资源可以相互感知，能随时获取需要的数据和信息，改变以往"人为主体、林业资源为客体"的局面，实现林业客体主体化。林业信息传输互联化是智慧林业的基本要求，建立横向贯通、纵向顺畅，遍布各个末梢的网络系统，实现信息传输快捷，交互共享便捷安全，为发挥智慧林业的功能提供高效网络通道。林业系统管控智能化是信息社会的基本特征，也是智慧林业运营基本要求，利用物联网、云计算、大数据等方面的技术，实现快捷、精准的信息采集、计算、处理等；应用系统管控方面，利用各种传感设备、智能终端、自动化装备等实现管理服务的智能化。林业体系运转一体化是智慧林业建设发展中最重要的体现，要实现信息系统的整合，将林业信息化与生态化、产业化、城镇化融为一体，使智慧林业成为一个更多的功能性生态圈。林业管理服务协同化，信息共享、业务协同是林业智慧化发展的重要特征，就是要使林业规划、管理、服务等各功能单位之间，在林权管理、林业灾害监管、林业产业振兴、移动办公和林业工程监督等林业政务工作的各环节实现业务协同，以及政府、企业、居民等各主体之间更加协同，在协同中实现现代林业的和谐发展。林业创新发展生态化是智慧林业的本质性特征，就是利用先进的理念和技术，进一步丰富林业自然资源、开发完善林业生态系统、科学构建林业生态文明，并融入整个社会发展的生态文明体系之中，保持林业生态系统持续发展强大。林业综合效益最优化是通过智慧林业建设，形成生态优先、产业绿色、文明显著的智慧林业体系，进一步做到投入更低、效益更好，展示综合效益最优化的特征。

可见，智慧林业是基于数字林业，应用云计算、物联网、移动互联网、大数据等新一代信息技术发展起来的。在数字林业的基础上，智慧林业具有感知化、一体化、协同化、生态化、最优化的本质特征。智慧林业把林业看成一个有机联系的整体，运用感知技术、互联互通技术和智能化技术使得这个整体运转得更加快速、高效，从而进一步提高林业产品的市场竞争力、林业资源发展的持续性以及林业能源利用的有效性。

（二）智慧林业的内容和作用

智慧林业的提出符合林业现代化的需求，智慧林业是林业发展的自身需求，是我国生态建设的必然要求，也是全球化视角下地球村互相融合、人类社会和谐发展的重要举措。就林业发展来看，智慧林业是其自身转型升级的内在需求。林业正在发生由以木材生产等为主向生态建设为主的历史性转变。国际社会对林业给予了前所未有的重视，联合国强调"没有任何问题比人类赖以生存的森林生态系统更重要了，在经济社会可持续发展中应赋予林业首要地位"。我国已确立了以生态建设为主的林业发展战略，把发展林业作为建设生态文明的首要任务，这意味着我国林业必须承担起生态建设的主要责任，打造生态林业、民生林业成为目前我国林业的主体目标与任务。利用智慧林业，可以摸清生态环境状况，对生态危机做出快速反应，共建绿色家园；更智能地监测预警事件，支撑生态行动，预防生态灾害。同时，发展智慧林业，建立相应的一体化、主动化管理服务体系和生态价值考量体系，可使林业的民生服务能力得以加强，生态文明的理念得以深入社会各领域与各阶层，符合林业自身发展的客观需求。

"互联网+"是大势所趋，也是推动创业创新的有力支点。推动"互联网+林业"有这样几个关键环节必须密切关注。一要确立发展思路。依托现状，首先要突出森林的生态价值，从政府层面加大对森林资源的智能化管理与服务的投入，建立建成更为完备的互联互通网络；同时，利用森林的经济价值，从企业层面扩大电子商务的推广运用率，换取较大的经济利益，为林产品提质上档提供经济支撑。二要明确发展重点。"互联网+林业"，不是简单的叠加。只是做个网站，开通微信功能，把森林资源推到线上交易，这样的"互联网+林业"是没有前途的。通俗来讲，"互联网+林业"就是要把森林资源通过物联网达到人和物的交互，实现信息采集、计算、共享。要注重"物联"的开发与运用，重点是在林业管理、森林防护、智能办公等方面开展深层次合作，运用云计算、大数据、物联网、可视化等技术，建设包含林业"三防"一体化信息化平台、综合监测监控系统、业务信息实时共享平台、智能办公等信息化项目，实现智能办公、视频监控（含无人遥感飞机视频接入）、林业资源、扑火指挥、远程调度、空间分析、疫区管理、位置服务、整合信息等多项智能应用。这是基础，是重中之重，要以政府部门牵头为主。有此基础，才能充分运用物联数据，开发商业模式。三要选择商业模式，把建立商业模式与实现互联互通同步进行。举个例子，传统销售渠道中，产品通过一次批发、二次批发，将造成较大的流通成本，而这些成本最终都转嫁到消费者身上。开通电子商务，在林产品中植入带有产品信息的芯片，实现"O2O"线上交易，消费者可通过手机扫描获取单个产品的产地、出厂价等信息。这样，产品本身就成为一种宣传渠道和销售渠道，受益的将是厂商和消费者。建立这样的商业模式，需要广泛运用物联网、大数据、云计算。在此基础上，可进一步拓展无线互联，将林区的林产品销售、交通路线、旅游景点、餐饮场所、银行等涉林产业整合起来，逐步建立网上林区，形成林业行业互联网。当然，互联网的商业模式也不止这一种，还需要根据实际情况灵活运用。

紧紧围绕打造智慧林业、建设美丽中国的发展思路，充分利用新一代信息技术对资源深度开发及管理服务模式转型的创新力，结合当前林业信息化发展的基础与亟须解决的问题，根据我国智慧林业的重要使命、本质特征和发展目标，以打造生态林业和民生林业为重要切入点，通过"资源集约、系统集聚、管理集中、服务集成"的创新发展模式，积极推进智慧林业立体感知体系、智慧林业管理协同水平、智慧林业生态价值体系、智慧林业民生服务体系、智慧林业标准及综合管理体系五项任务建设，全面实现智慧林业的战略目标。

1. 加快建设智慧林业立体感知体系

按照"把握机遇、超前发展、基础先行、创新引领"的原则，坚持技术创新、模式创新，加快林业宽带网络及感知网络建设，为智慧林业的发展创造良好的信息基础设施条件。以国家下一代互联网计划及宽带中国战略的实施为契机，积极推进林业下一代互联网建设，为林业系统提供安全、高速的下一代互联网，为林业物联网的接入做好准备。大力推进林区无线网络建设，引导区内电信企业加大投入力度，在林区办公场所、交通要道、重要监测点等区域实现无线宽带网络的无缝覆盖。全面加强各种传感设备在林业资源监管、林产品运输等方面的布局应用，为动态监测植物生长生态环境、有效管理林业资源提供支撑。有序推进以遥感卫星、无人遥感飞机等为核心的林业"天网"系统建设，打造高清晰、全覆盖的空中感知监测系统。积极推进林业应急感知系统建设，打造统一完善的林业视频监控系统及应急地理信息平台，为国家、省、市、县等四级林业管理部门提供可视化、精准化的应急指挥服务。

（1）林业下一代互联网建设工程

按照高端、前瞻性的原则，加快国家林业信息专网的升级改造，建设下一代林业互联网，完成具有管控、网络服务等功能的网络运行管理与服务支撑系统。整个网络纵向采用树形结构设计，以国家林业和草原局为根节点；各省区市林业厅局分节点与国家林业和草原局形成星形连接，成为一级节点；各地市林业局与省区市级形成星形连接，成为二级节点；各县市林业局与地市形成星形连接，从而构建国家、省、市、县四级网络架构。不断扩充现有省级出口带宽及国家林业和草原局下联各省级带宽，打造统一的林业下一代互联网，以满足国家林业系统各类业务模块和快速传输大数据量的遥感影像、GIS 数据、音视频数据等需要。

（2）林区无线网络提升工程

按照分级推进、多种方式结合的原则，大力加强与国家电信运营商的合作，选择一些基础条件好、发展较快的林区，积极推进我国重点林区的无线网络建设，提高林区的通信能力及监测管理水平。林区无线网络以公众网为主、以林区自建数字超短波网为辅，合理共享网络资源，同时实现多制式、多系统共存，形成高速接入、安全稳定、立体式无缝化的覆盖网络，为林区管理服务部门及公众提供无线网络服务，为物联网和智能设施在林区的应用提供网络条件。

（3）林业物联网建设工程

国家已启动了智能林业物联网应用示范项目，主要是基于下一代互联网、智能传感、宽带无线、卫星导航等先进技术，构造一体化感知体系。为了快速提高林业智能监测、管理服务、决策支持水平，须进行统一规划布局，主要从重点林木感知、林区环境感知、智能监测感知网络等方面展开林业物联网建设。

（4）林业"天网"系统提升工程

"天网"系统的规划布局，以林业遥感卫星、无人遥感飞机等监测感知手段为一体。重点建设国家卫星林业遥感数据应用平台，提供对林业资源综合监测所需的各类遥感信息及数据处理系统、数据产品发布系统以及综合监测遥感数据产品，通过多源卫星遥感数据的集中接入、管理、生产和分发，实现林业各监测专题的遥感信息及平台共享，并与现有的公共基础信息、林业基础信息、林业专题信息以及政务办公信息等整合，提高林业监测效率。

（5）林业应急感知工程

为适应新形势下林业高效、精准的安全管理需要，打造完善的应急指挥监控感知系统，为各级林业部门提供高效、精准的应急指挥服务，我们必须加快林业视频监控系统一体化建设步伐，不断提高林业视频监控资源的共享和协同水平，按照共建共享、统一协同的原则，构建各省区市统一的林业视频监控系统，统一接入到国家林业和草原局，形成国家、省、市、县四级统一林业视频监控系统，实现各级林业管理部门应急指挥监控感知系统的应急联动。以林业地理空间信息库为基本，建立我国林业全覆盖的、多尺度无缝集成的应急地理信息平台，全面提高应急调度能力和效率，实现可视化、精确化应用与一对多管理，通过健全制度、规范运作、强化考核等手段，实现林业重大事件应急工作的统一指挥协调，提升管理效能和水平。

2. 大力提升智慧林业管理协同水平

按照"共建共享，互联互通"的原则，以高端、集约、安全为目标，依托现有的基础条件，大力推进林业基础数据库建设，重点建设林业资源数据库、林业地理空间信息库和林业产业数据库，加快推进林业信息资源交换共享机制。通过统一规划、集中部署，加快中国林业云示范推广及建设布局。推进政府办公智慧化，规范办公流程，提高办事效率。全面推进中国林业网站群建设，建立架构一致、风格统一、资源共享的网站群，全面提高公共服务水平。加大林政管理力度，建立起行为规范、运转协调、公正透明、廉洁高效的林政管理审批机制。加强林业决策系统建设，为各类林业工作者提供网络化、智能化科学决策服务。

（1）中国林业云创新工程

智慧林业作为林业协同发展的新模式，需要用物联网实现全面的感知，实时、准确地获取所需要的各类信息，并通过云计算平台实现信息共享、价值挖掘、安全运营等。云平台是实现智慧林业的关键，需要通过统一规划、集中部署，加快中国林业云示范推广及建设布局步伐，早日建成全面统一的林业云平台。林业云计算数据中心采用先进的云计算技术，借助弹性的云存储技术和统一云监控管理等软件，结合全国林业部门各业务系统接口特点，开发出一套适合林业系统两级架构的云数据资源中心，实现数据的高效交换、集中保存、及时更新、协同共享等功能，并为扩展容灾、备份、数据挖掘分析等功能做必要准备。加快中国林业云平台的创新应用，逐步将林业管理部门内部及面向社会提供公共服务的应用系统向林业云平台迁移集中，实现国家林业信息基础设施、数据资源、存储灾备、平台服务、应用服务、安全保障和运维服务等方面的资源共享。在中国林业云上全面部署综合监测、营造林管理、远程诊断、林权交易、智能防控、应急管理、移动办公、监管评估、决策支持等应用，实行集约化建设、管理和运行。

（2）林业大数据开发工程

按照统一标准、共建共享、互联互通的原则，以高端、集约、安全为目标，积极推进全国林业系统三大基础数据库建设，加快林业信息基础设施的全面升级优化，实现全国林业资源透彻感知、互联互通、充分共享及深度计算，为智慧林业体系的建设打下坚实基础。以现有森林资源数据库、湿地资源数据库、荒漠化土地资源数据库、生物多样性数据库四项专题库为基础，按照统一的数据库编码标准，收集、比对、整合分散在各部门的基础数据，立足国家、省、市、县林业管理部门和公众对林业自然资源的共享需求，确定包括资源类别与基本信息等方面的数据元，形成林业系统自然资源数据库的基本字段，建立全国统一标准的林业资源数据库，建立全国统一的林业产业数据库，实现林业产业信息的共享，提高各级林业部门的工作水平和服务质量，提高社会各界对林业产业发展的研究水平，提高林业产业统计对林企、林农的服务能力，为林业宏观管理决策提供科学依据，为林业信息服务提供支持。充分利用3S、移动互联网、大数据等信息资源开发利用技术，基于目前的林业空间地理数据库和遥感影像数据库，构建全国统一的林业地理空间信息库，实现对全国林业地理空间数据库的有效整合、共享、管理及使用，为各级林业部门提供高质量的基于地理空间的应用服务，消除"信息孤岛"，避免重复投资。

（3）中国林业网站群建设工程

依据智慧林业建设目标，充分利用云计算、移动互联、人工智能等新一代信息技术，全面整合各领域、各渠道的服务资源，进一步扩充功能，进一步完善系统，构建智能化、一体化的智慧林业网站群。构建国家林业系统从上至下的门户网站群平台，把全国林业系统政府网站作为一个整体进行规划和管理，实现数据集中存储和智能化调用，系统地统一维护，实现林业系统间的资源整合、集成、共享、统一与协同，降低建设成本和运营成本，提高效率，方便用户使用，提高用户满意度。

（4）中国林业办公网升级工程

中国林业办公网升级改造包括智慧林业移动办公平台与智慧林业综合办公系统。一是智慧林业移动办公平台。充分利用新一代互联网、下一代移动互联网技术，在中国林业网设置智慧林业移动办公平台统一入口，平台包括移动公文处理模块、移动电子邮箱模块、实时展现模块、移动信息采集模块、移动 App 模块等。智慧林业移动办公平台的建立，可以通过笔记本电脑、手机、PDA、智能终端等移动终端设备，随时随地访问应用系统，满足行政管理业务需求，提高工作效率及协同性，进一步提高政务管理的智慧化水平。二是桌面云办公系统。利用云计算技术，构建一个安全可靠、稳定高效、结构完整、功能齐全、技术先进的桌面云办公系统，林业系统工作人员可以通过客户端设备，或者其他任何可以连接网络的设备，用专用程序或者浏览器，利用自己唯一的权限登录访问驻留在服务器端的个人桌面以及各种应用，实现随时随地办公，提高办事效率。桌面云办公系统以目前综合办公系统为基础，其功能除构建领导专区、公文办理、会议办理、事务办理、综合管理外，还增加学习培训功能，发布内外部学习培训的内容，以提高林业系统人员素质。

（5）智慧林政管理平台建设工程

林政管理是根据林业管理的实际需要，依照林业相关政策法规，对林业经营、采伐、流通和行政执法等进行的管理，其主要目的是建立起行为规范、运转协调、公正透明、廉洁高效的林政管理审批机制，促进林业的健康稳步发展。智慧林政管理平台依托云计算技术、大数据挖掘技术等，建设包含林业经营管理、林权管理、林木采伐流通管理和林业行政执法的多级行政管理平台，整合林权、经营、执法等数据，建立智慧林政管理平台，满足实际业务需求，实现随时随地对全国范围内林政信息的实时、科学、全面管理，为林农、企业提供高效、高质、全天候的服务。

（6）智慧林业决策平台建设工程

为了提高决策的科学性、预见性、针对性、智能化，依托林业基础数据库，以云计算、物联网、大数据技术、辅助决策技术等新一代信息技术为支撑，整合现有的各类决策系统，建立一体化的智慧林业决策平台，为决策者提供所需的数据、信息和背景资料，帮助明确决策目标和问题的识别，建立或修改决策模型，提供各种备选方案，对各种方案进行评价和优选。一是实时查询子平台。对森林、荒漠、湿地、生物多样性的生长、灾害、保护等状况的数据、照片、视频进行实时浏览、查询、统计，为决策提供基础数据服务，提高林业管理决策能力。二是数据挖掘子平台。对智慧林业海量的各类数据和相关业务数据依照相关的要求进行处理、加工、统计、分析，将大量庞杂的数据信息转化为可为领导决策提供支持服务的决策信息，揭示出相互影响的内在机制与规律。三是预测子平台。通过利用历史数据和现在采集的数据，运用不同林业预测的方法、模型、工具等，对不同类型的海量数据进行加工、汇总、分析、预测，得出所需的综合信息与预测信息，形成发展趋势模型。预测林业将来发展的必然性和可能性，提高林业发展的预警能力，为林业管理决策工作提供依据。四是林业环境智能模拟系统。利用现代建模技术、计算技术及三维技术，基于中国林业云平台及林业地理信息系统，建立林业环境智能模拟系统，科学模拟气候、土壤、水质变化等对林业的影响，及林业发展对生态环境的作用。五是智能化处理子平台。自动化、智能化地分析林业的各种情况和趋势，并依据提前定义和选取的预警指标，设定预警指标临界值，使之具有自动报警功能，提高决策的及时性。六是成果共享子平台。对林业工作成果，重大事件的处理进行归纳、总结和展示，依据不用的类型设置不同的专题，进行分类管理，提高资源的利用率和针对性，为林业管理者、工作者提供学习平台，为以后的林业决策管理工作提供可复制、可推广、可执行的解决方案，形成林业工作连贯一致的决策体系和发展战略。

3. 有效构建智慧林业生态价值体系

加强林业生态价值体系建设，不断推动林业生态体系发展，重点加强新一代信息技术在资源管理、野生动植物保护、营造林、林业重点工程和林业文化监管方面的应用。加强林业资源的监管力度，利用物联网等新一代信息技术，构建完善的林业资源监管体系。大力推进营造林管理步伐，实现营造林全过程现代化管理。积极推进林业重点工程监督管理平台建设，及时准确地掌握工程建设现状，实现工程动态管理，提高工程管理的科学规范水平。加强林业文化传播，不断推动林业文化体系的发展，重点加快林业数字图书馆、博物馆、文化体验馆等信息化建设。

（1）智慧林业资源监管系统建设工程

以中国林业基础数据库和现有的资源监管数据库为基础，通过国家和各地林业部门的交换中心，利用分布式数据库技术，提取业务数据，整合目前已建的林业资源综合监管服务体系，建立基于中国林业云的集森林资源监管、湿地资源监管、荒漠化和沙化土地监管于一体的智慧林业资源监管平台，形成一体化、立体化、精准化的林业资源监管系统，实现对45亿亩林地、26亿亩沙地和10亿亩湿地等林业资源的实时有效监管，形成"全国林业一张图"，为国家提供从宏观到微观多级林业资源分布和动态信息，准确掌握林业的历史、现状和趋势，实现国家对林业保护和利用的有效监管。

（2）智慧林业野生动植物保护工程

野生动植物是自然资源的重要组成部分，保护好野生动植物对于维护生态平衡，构建和谐社会有着积极作用。借助现代信息技术，对野生动植物进行感知，并对海量数据进行灵活高效处理，以提高野生动植物资源监测、管理、保护和利用水平为宗旨，基于生物多样性数据库，以历次野生动植物调查、监测数据为基础，整合各野生动植物保护区监测数据，及时掌握野生动植物现状及动态变化情况，通过对全国野生动植物保护区的智能管理，建设野生动植物资源监测体系和信息管理体系，使野生动植物资源得到保护和利用，野生动植物生态、经济和社会效益得到充分发挥，为野生动植物资源保护和自然保护区管理、开发利用及濒危野生动植物拯救和保护工作提供依据。

（3）智慧林业营造林管理系统升级工程

加快造林绿化，增加森林资源，提高森林质量，是林业的前提和物质基础。通过建设智慧营造林管理系统，实现对重点营造林进行核查和监督，及时获取林地真实情况，减少重复造林现象的出现，为掌握生态状况、正确评估生态建设效益提供科学依据，为实施精细化管理、提高管理效率提供有效手段。通过建立一套完善的感知分析系统，实现覆盖国家、省、市、县级营造林的规划计划、作业设计、进度控制、实施效果及统计上报等环节的一体化管理的智慧营造林管理系统。智慧营造林管理系统可将地理信息系统、数据库、计算机、物联网、传感器等技术高度集成，实现营造林系统的高度智慧化。智慧营造林管理系统将实时观测各节点林木种植及生长情况，有效做好营造林绩效管理工作，实现营造林工程综合信息网上查询发布，为营造林工程质量核查、营造林成果分析及决策提供依据。

（4）智慧林业重点工程监管工程

智慧林业重点工程监督管理平台实现从项目立项、启动、计划、执行、控制至项目结束的全过程管理，对及时准确掌握工程建设现状，改善组织的反馈机能，提高工作绩效等具有重大意义。主要有天然林保护工程管理系统、退耕还林工程管理系统、长江等防护林体系建设工程管理系统、三北防护林体系建设工程管理系统、京津风沙源治理工程管理系统等。为顺应信息社会发展的趋势，满足决策者、项目管理者、项目执行者等的需求，须全面整合信息资源，建立统一的智能重点工程监督管理平台，全面提高工程管理水平，为科学决策提供依据。

（5）智慧林业文化建设工程

加强智慧林业文化馆建设，打造一批有特色、高质量的林业文化馆，包括智慧林业数字图书馆、智慧林业网络博物馆、智慧林业文化体验馆等，全面展示林业生态文化成果，提高人林互动水平，让人们充分体验到林业文化的乐趣，汲取生态文化的营养。

4. 全面完善智慧林业民生服务体系

围绕全面建设民生林业的要求，着力解决林企、林农最关心、最直接、最现实问题，深化信息技术在林业智慧产业、林地智能分析、生态旅游，以及林业智慧商务和智慧社区等公共服务领域的应用，构建面向企业、林农及新型林区建设的综合性公共服务平台，努力提升公共服务水平。加快建设智慧林业产业体系，培育发展林业新兴产业、提升林企两化融合水平，促进林业产业的转型升级。全面建设包括土地成分、土壤肥力、酸碱度、区域环境及现有林业资源等内容的智慧林地信息公共服务平台，为政府、林企、林农等提供实施准确的综合"林业地图"信息服务。大力发展生态旅游，打造智能化、人性化的生态旅游公共服务平台，提高林业自身价值，丰富人们的生活。积极推进林业智慧商务系统建设，打造一体化的林产品电子商务平台，构建完善的智慧林业物流体系及林业物流园，为林业企业及民众提供智能化、整体化的林业商务服务。大力加强林业智慧社区建设，通过建立智慧社区服务系统，为林农、林企提供包括信息推送、在线证照办理、视频点播、远程诊断等服务，全面提高对林区的服务水平。

（1）智慧林业产业培育工程

加快新兴科技与林业的有机融合，促进新技术、新产品和新业态的发展。围绕发展潜力大、带动性强的林业生物产业、新能源产业和新材料产业、碳汇产业等新兴领域，立足现有企业和产业基础，利用新一代信息技术，攻克一批关键技术，促进信息化在产业发展中的应用，延伸上下游产业链，着力突破新兴产业发展的瓶颈制约，促进高新技术产业化。

（2）智慧林业两化融合工程

加快林业产业的信息化建设步伐，以企业为载体，加强信息技术在生产、制造、流通、销售等各环节的应用，提升林业企业两化融合水平，全面提高我国林业生产管理水平及产业竞争力。一是林业生产装备智能化。林业机械化、信息化、智能化、服务化是智慧林业生产的重要内容和显著标志，加快林业技术装备发展步伐是转变林业发展方式的重要途径。加快对先进技术的引进、消化、吸收和再创新，积极建立具有自主知识产权的核心关键技术体系，加强现代电子技术、传感器技术、计算机控制技术等高新技术在林业生产装备中的应用。二是林业企业生产管理精细化。以企业为主体，围绕林业采伐运输、生产制造、养殖栽培等领域，提高林业企业信息化水平，推进企业从单项业务应用向多业务一体化、集成化转变，从企业信息应用向业务流程优化再造转变，从单一企业应用向产业链上下游协同应用转变，深化信息技术在企业设计、生产、管理、营销等环节的应用。三是林产品质量监测实时化。加快建立完善的林产品质量监督检验检测体系，实现采伐、运输、生产、仓储、配送、销售等全过程的数据可追溯、质量可监控、信息可查询。

（3）智慧林地信息服务平台建设工程

加快建设全国统一的林地信息服务平台，基于林业地理空间信息库，建立智能、精准、便捷的林业资源分布图，创建"林业地图"板块，为林业政府部门提供准确的林业资源查询，及时了解林业资源在山间地头的分布情况，为相关用户提供从省到林场的综合性林业信息查询服务。加快全国林地测土配方系统的完善和对接，建立起一个准确了解林地土壤成分及环境状况，诠释土地、树种、土地与树种之间的关系，解决林农植树凭感觉走，靠天吃饭的现状。通过该平台的建设，为林业生产、管理与决策提供服务，为林业政府部门及广大林农及涉林人员了解林业分布、科学营林提供技术咨询，促进我国林业的可持续发展。

（4）智慧生态旅游建设工程

建设智慧生态旅游公共服务平台，为广大消费者、林业生产者等提供便捷化、智能化、最优化的服务，还可以加大对森林公园、自然保护区旅游小区、湿地公园等森林旅游景区的保护，树立优秀生态旅游品牌，全面提升生态旅游的行业形象和综合效益，进而实现可持续发展，主要包括信息查询、景点大全、线路攻略、品牌推广、网上体验、知识管理、规划指导等功能。建立全国林业旅游基础数据库，制定数据采集规程和标准，建立公平、透明、开放的林业旅游行业监管体系，全面提高林业旅游业发展的预测、预警，重点对林产品进行监测分析，提高重点景区、市场动态监控分析能力，有效支撑节假日和重大活动期间的旅游市场分析运行，提升电子化营销水平，提升人们对林业旅游的认可度和信任度，扩大生态旅游规模。

（5）林业智慧商务拓展工程

通过林业智慧商务拓展工程的建设，构建一种市场信息畅通、规范、高效的林产品流通新模式，为林企和林农提供智能、便捷的服务，提高林业整体效益，促进林业产业的快速健康发展。包括林权交易平台、林业电子商务平台、林业智慧物流系统、林业智慧物流园等。

（6）林业智慧社区建设工程

在我国新型工业化、信息化、城镇化、农业现代化融合发展的推动下，需要找准新的切入点，加快林区信息化建设，提升整体发展水平。规范化、标准化、智能化的智慧社区建设成为促进城乡一体化、提升林区民生质量的重要途径。通过林业智慧社区信息基础设施建设和智慧社区综合管理服务平台建设等，构建一套线上、线下相结合的社区管理服务系统，包括智慧社区政务、社区管理、社区服务、社区生活及林区生产等方面，全面提高林区民生质量。

5. 大力构建智慧林业标准及综合管理体系

根据智慧林业发展目标，按照国家林业行业标准及相关管理制度的要求，优先建设一套智慧林业标准、制度、安全等为核心的综合保障体系，达到有章可循，有力保障智慧林业的建设运营。

（1）智慧林业标准体系建设工程

标准规范体系建设是智慧林业建设的基础性工作。在智慧林业建设和运行维护的全过程中，要遵循统一的标准、规范和相关技术规定，以保障信息资源有效开发利用，云平台、计算机网络和其他设施高效运行。包括智慧林业总体指导标准、智慧林业信息网络基础设施标准、智慧林业信息资源标准体系、智慧林业应用标准体系、智慧林业管理类标准等。

（2）智慧林业制度体系建设工程

林业信息化建设需要在遵循国家有关法律法规的基础上，建立健全日常事务、项目建设实施、信息共享服务、数据交换与更新、数据库运行、信息安全、项目组织等管理办法和制度，为林业信息化建设保驾护航。在智慧林业建设运营过程中，需要制定出台更具针对性的智慧林业制度体系。

（3）智慧林业运维体系建设工程

运维体系是智慧林业建设的根本保障，建立完善的智慧林业运营体系，将对林业系统提高绩效、构建智慧型林业起到至关重要的作用。按照"统一规划，分级维护"的原则，制定智慧林业系统的运维体系。运维体系主要由运维服务体系、运维管理体系、运维服务培训体系、评估考核体系四部分构成。

（4）智慧林业安全体系建设工程

智慧林业安全的总需求包括物理安全、网络安全、系统安全、应用安全、数据安全、管理安全等，其目标是确保信息的机密性、完整性、可用性、可控性和抗抵赖性，以及信息系统主体（包括用户、团体、社会和国家）对信息资源的控制。

（三）"互联网+"开启林业发展新模式

林业的现代化既是美丽中国建设的重要内容，也是生态文明建设的重要保障。而森林资源是林业现代化建设的基础，生态文明的建设也必须依靠林业的优化发展来实现。加强对森林资源的管理与开发是林业工作的核心。但由于长期以来人们在认识上的不重视及过度的索取，致使生态环境遭受了很大程度的破坏，森林资源保护和经营管理的难度进一步加大。如何保护与发展现有的资源，同时恢复已遭到破坏的森林资源，是我们面临的一项非常艰巨的任务。面对这种现状，大力发展智慧林业，推进林业的现代化，不仅能借助先进的技术手段实现实时监控森林生态系统的动态变化，还能够延伸我们的触觉到达复杂的地形，并相应开展有效的救援和保护行动，有利于我们对森林资源进行真正的科学管理与开发，有利于森林生态系统的良性循环。

1. 科学分析形势，准确把握林业信息化建设总体思路

（1）要用互联网思维

互联网时代已经到来，林业工作者要善于运用互联网思维，实现以创新思维谋思路，以融合思维促发展，以用户思维强服务，以协作思维聚力量，以快速思维提效率，以极致思维上水平，敢于打破阻碍，促进开放包容，对全球开放、对未来开放、对全社会开放，完善共建共享的参与机制和创新平台，拓展林业发展空间，拓宽林业投入渠道，让所有关心林业、爱护生态的人都参与到林业现代化建设中来。

（2）要用大数据决策

以大数据等新一代信息技术为支撑，建立一体化的智慧决策平台，实现林业各类数据信息实时采集、深度挖掘、主体化分析和可视化展现，为林业重大决策提供数据依据和决策模型，及时发现战略性、苗头性和潜在性问题，自动化、智能化分析预判林业各种情况和趋势，提高林业重大决策的科学性、预见性、针对性。

（3）要进行智能型生产

加速新一代信息技术与林业的深度融合，促进理念创新、技术进步、效率提升，推动林业生产转型升级、创新发展。引入 O2O、PPP、电商等模式，加速物品、技术、设备、资本、人力等生产要素在产业领域流动，实现各种资源的合理配置和高效利用，让农民足不出户也可知晓市场行情，盘活林业资产，激发林区活力，提高生产效率，提升产品质量，让大众创业、万众创新在林业开花结果，全面提高林业核心竞争力。

（4）要协同化办公

按照共建共享、互联互通的原则，打造林业各领域、各环节、各层级智能协同的政务管理信息系统，建立起运转协调、公正透明、廉洁高效的林业管理体系，推进智慧化办公、移动化办公，实现林业全过程信息化管理，进一步提升林业治理能力和治理水平。

（5）运用云信息服务

充分利用云计算、移动互联网等新一代信息技术，打造中国林业云服务平台，实现各类林业数据高效交换、集中保存、及时更新、协同共享，提供全时空、全媒体林业信息服务，林农、企业、管理部门和社会公众随时随地可在云端共享权威、全面、个性化的信息服务，确保优质高效、便捷普惠。

2. 抓住关键环节，大力推进"互联网+"林业建设

林业信息化要融入林业工作全局，"互联网+"要紧贴林业重点工作，"加"林业最需要的内容，"加"惠林富农益民的项目，"加"我们能做到的事情，先易后难，逐步推进。

（1）要依托"互联网+"拓展政务服务，实现林业治理阳光高效

我国林业政务服务仍然难以满足不断增长的社会需求，迫切需要加快"互联网+"与政府公共服务深度融合，提升林业部门的服务能力和管理水平。要持续优化中国林业网站群，进一步扩大站群规模，扩展站群类型，实现林业各级部门和各类核心业务全覆盖。要推进中国林业云创新工程建设，实现站群云服务平台统一建设和管理，核心功能统一开发，数据资源统一管理、开放共享。要打造智慧林业决策平台，通过大数据分析系统，对互联网涉林信息进行态势分析，提升智能决策能力。

（2）要依托"互联网+"深化林业改革，实现资源增长林农增收

林业信息化要紧跟林业改革发展，为林业改革发展注入动力。要运用新一代信息技术，厘清资源资产权属等，加快建设国有林场林区统一的数据库和资源资产动态监管系统，为林场林区资源资产监管提供现代信息技术手段和动态数据，实现对森林抚育、资源资产、企业改制的全程监管和绩效考核，确保资源资产只增不减。要建设智慧林区，及时提供各种信息服务，方便林区群众生产生活，为林区职工民生改善提供精准信息服务：要建立全国统一的林权数据库和林权交易平台，引导林权规范有序流转，盘活林地资源，放活林地经营，搞活林业经济。

（3）要依托"互联网+"加强资源监管，实现生态保护无缝连接

长期以来，林业资源保护压力有增无减，生态破坏容易恢复难，有的资源甚至永远无法恢复，迫切需要利用信息技术，加快建设林业一张图，构建集森林、湿地、沙地和野生动植物资源监管于一体的智慧林业资源监管平台，加强对全国林业资源进行精准定位、精准保护和动态监管，严厉打击毁林占林、滥伐盗采等破坏森林资源的行为，实现国家对林业资源保护和利用的有效监管。要加强智慧野生动植物保护工程建设，建立野生动植物资源监测体系与信息管理平台，提高野生动植物资源监管、保护和利用水平。要开展林业生态监测与评估物联网应用，为林业生态工程建设和管理提供科学依据。要推进林业大数据开发，建立林业大数据分析模型，提升预测预警及宏观决策能力。

（4）要依托"互联网+"开展生态修复，实现生态建设科学有序

目前一些地方造林质量不高，重栽植轻管护，造林绿化成果难以巩固，迫切需要利用"互联网+"加快推进造林绿化精细化管理和重点工程核查监督，科学回答"哪里适合造林""林子造在哪里"等问题，全面提升生态修复质量。要加快智慧营造林管理系统升

级，推广林地测土配方示范应用，实现营造林管理现代化，提高营造林绩效管理水平。要加强智慧林业重点工程建设，实现立项、启动、执行、验收全过程信息化管理，及时准确掌握工程建设现状，提高工作绩效和监管水平。

（5）要依托"互联网+"强化应急管理，实现生态灾害安全可控

我国是森林火灾、病虫害和沙尘暴灾害多发的国家，生态灾害处置难度大，一旦发生，损失严重，迫切需要利用信息化手段，实现各类信息集中监测管理，加强预警预报和应急指挥，有效防止灾害的发生和蔓延。要打造林业应急感知平台，推广应用"森林眼"等建设成果，实现林业应急指挥监控感知，应急联动，提升应急管理效能和水平。要推进应急监测预警物联网应用，提高综合防控能力和指挥调度能力。要推进林业生态保护北斗示范应用项目，探索形成北斗导航应用新模式，实现国家、省、市、县的多级联动应用。

（6）依托"互联网+"发展林业产业，实现发展方式转型升级

随着人们生活水平的快速提高，公众对优质绿色的生态产品的需求日益增加，对森林、湿地等自然美景的向往日趋强烈。要以"互联网+"战略为契机，推动林业产业转型升级，拓宽林产品销售渠道，把优质特色林产品和优质森林旅游产品推向社会大众，既实现林业增收，又惠及社会大众。

要建设智慧林业产业培育工程，促进信息技术在林业产业中的应用，积极培育产业新业态。要开展林产品质量安全监管物联网应用，实现采伐、运输、生产、仓储、配送、销售等全过程数据可追溯、质量可监控、信息可查询。要推广应用林产品交易平台建设成果，为林企林农提供智能、便捷服务，推动服务业转型，培育服务新业态。要加快智慧林业两化融合，全面提高林业生产管理水平及产业竞争力。要建设国际林产品贸易投资平台，加强国家间的林业经济合作与技术交流，提升我国林业国际地位和影响力。

（7）依托"互联网+"繁荣生态文化，实现生态事业全民参与

在快速发展的信息时代，弘扬生态文化，迫切需要应用现代信息手段，构建生态文化展示交流平台，加强生态文化传播能力建设，为建设生态文明营造良好的文化氛围。要打造林业全新媒体，在现有"三微一端"的基础上，构建行业微博群、微信群、微视群和移动客户端超市，实现主动推送服务，形成全行业集群化沟通服务新模式。要创新生态文化业态和生态文化传播方式，在在线培训、图书出版、远程教育等方面培育形式多样的新型文化业态，形成全民参与、全民共享的生态文明建设新风尚。要建设智慧林业数字图书馆、博物馆、文化馆等，让人们充分享受林业生态文明成果，汲取林业生态文化营养。

（8）要依托"互联网+"夯实基础条件，实现林业要素融合

加快林业现代化，迫切需要加强林业宽带网络及信息采集、传输体系建设，进一步夯实和提升基础支撑能力。要充分利用国家电子政务网络，加快网络建设，实现林业全行业

网络的互通互联。要继续推进机房等基础设施建设，建成林业大数据中心，实现数据大集中。要尽快建设林业数据灾备中心，确保林业信息安全。

"互联网+"带来的是肯定、是机会、是振奋，必将推进传统行业创新发展，政府、企业都将在全面拥抱"互联网+"战略中获益。然而，"互联网+林业"是一项长期性、系统性工作，须分步骤、分阶段扎实推进。一是整合资源。互联网最大的优势是互联互通，信息共享。推进"互联网+林业"，仅靠单个行业的投入，困难太大。要突破地域、级别、业务界限，充分整合各类信息资源，推进信息化业务协同，提升全行业管理服务水平和信息资源利用水平。比如，在广袤的林区建设无线网络，这个投入是巨大的，但是完全可以整合通信运营商的无线网络，在信号覆盖、资费调整方面做文章，实现无线网络的共享互通。二是融合创新。仅仅把资源进行整合，还是难以保障效益的最大化，还必须做到融合、创新。要集成关键核心技术和机制，实施应用先行、国际同步的标准战略，抢占标准制高点。在林业管理与服务方面，把林地资源、交通通信、气象动态等部门、资源、信息有机融合，并在此基础上创新发展"大林业"智能化管理服务系统。在林业产业开发方面，就好比开发美团、大众点评等电商平台一样，将森林旅游景点、特色林产品等，与交通、银行、餐饮、油站等公众设施融合起来，充分运用互联网"+通信""+交通""+金融"等模式，创新发展"智慧城市"电商平台，拓展"互联网+林业"的商业模式。三是循序渐进。要从组织管理、顶层设计、基础设施，以及应用示范工程等多维度切入，分基础建设、展开实施、深化应用三个阶段逐步实施。基础建设阶段，要强化顶层设计，要强化信息化成果，林业应急感知系统、林业环境物联网和林区无线网等要优先建设，打牢基础。展开实施阶段，完成营造林管理系统、智慧林业两化融合工程、林业"天网"系统、智慧商务建设工程、智慧林业资源监管工程、智慧林业野生动植物保护工程、智慧林业文化建设工程和中国林业网站群建设等工程建设。深化运用阶段，建设智慧林政管理平台、智慧林地信息服务平台、智慧林业决策平台、智慧林业产业建设工程、智慧生态旅游建设工程和智慧林业重点工程监管工程等。各部分走向相互衔接、相互融合，实现质的飞跃。

第二节 "互联网+"农业监管

一、农产品网络化监控与诊断

随着科学技术的日益创新，人们生活水平的不断提高，以及人们对网络的广泛应用，网络营销已经成为一种新型的销售方式。网络营销又称网络直复营销，是以计算机网络为媒介和手段而进行的市场推广活动，是 21 世纪最有代表性的低成本、高效率的全新商业模式之一。

农产品网络营销在瞬息万变的市场中是一项不可或缺的营销活动。通过网络，农产品销售者可以敏锐地捕捉到消费者的需求信息，以恰当的方式为消费者提供合适的农产品，在满足农产品消费者需求的同时，为农产品自身的提高和发展提供依据。通过高速发展的科技网络，农产品可以在通过与其他地区或国家的农产品进行比较，找到自身的优势与劣势，在市场中长期处于有利的竞争地位。

（一）产地环境监测

农产品产地环境是农业生产的基础条件，农产品产地安全是农产品质量安全的根本保证。农产品产地安全状况不仅直接影响到国民经济发展，而且直接关系到农产品安全和人体健康。一旦农产品产地被污染，由于具有隐蔽性、滞后性、累积性和难恢复等特征，所带来的危害将是灾难性的，主要表现在加剧土地资源短缺，导致农作物减产和农产品污染，威胁食品安全，直接或间接危害人体健康。近年来，由农药、肥料、激素、添加剂等农业投入品引起的农产品质量安全问题，已引起党和政府的高度重视和人们的普遍关注。同样，由于农产品产地环境污染导致的农产品质量安全问题已日益凸显，这一问题如不得到妥善解决，将严重影响农产品质量安全、危害人民群众身体健康、诱发群体性事件、危及社会稳定。因此，突出抓好农产品产地环境的监管和保护已刻不容缓。

1. 农产品产地的合理开发利用

农产品产地分为适宜生产区、警戒生产区以及禁止生产区。那对于这几个区怎么去合理利用呢？

适宜生产区即产地土壤中重金属均符合国家标准，适宜农作物生产区域，对于适宜生产区而言要做到四点：一是建立基本农田保护区，切实加强农业产地环境的保护，防止点源、面源污染向适宜区的扩散和蔓延；二是加大农产品适宜生产区的无公害农产品产地认定，对认定的产地实行 GPS 卫星定位监控管理；三是推广节水节肥节药技术、生态栽培技术，防控农业面源污染的产生；四是推广绿肥，实行水旱轮作，修复产地环境，提高土地生产能力。而对于农产品警戒生产区即产地土壤重金属中轻度污染区域而言要做到四点：一是对于重金属中轻度污染的耕地，推广重金属原地钝化技术，施用石灰、碱性磷酸盐、碳酸盐和硫化物等化学钝化剂或有机肥、腐殖质等有机钝化剂及化学有机钝化剂，络合、沉淀和固定土壤重金属，降低土壤重金属的生物有效性；二是推广重金属低吸收的蔬菜、水稻、水果和茶叶品种，降低农产品中重金属的含量；三是加强土壤的水肥耦合调控，改善耕地氧化还原电位，创造作物低吸收重金属的田间环境；四是加强生产区农产品重金属含量快速检测，实时监控农产品重金属的含量，并实行基地准出。

对于农产品禁止生产区即产地土壤重金属重度污染区域而言要做到三点：一是在食用农产品禁止生产区域，设立禁止生产标识，禁止生产蔬菜、水果、茶叶、粮油等食用农产品，对区域内生产的食用农产品就地销毁，禁止高污染的食用农产品上市销售；二是切断食用农产品供应链，改种棉花、麻类非食用经济作物或观赏林木、花卉等，并切实加强非食用棉麻作物秸秆和观赏林木花卉修枝落叶的无害化处理，防止对周围环境的污染；三是对重金属污染十分严重的耕地切实加强区域综合治理和生态修复，防止污染向周围扩散和蔓延。

2. 适宜生产区的监控和保护

采取的主要监控手段是巡回检查。首先我们要建立乡村两级农业产地环境巡回检查制度，加强对工矿企业和城镇废水、废渣、废气集中排放点的在线实时监控。每月组织农产品质量安全监管员和监督员，以村为单位，重点对农产品生产基地、乡村交通要道、村组污水管网、农田沟渠、畜禽养殖场进行2~3次巡查，及时发现化肥农药、畜禽粪便、农作物秸秆、农村生活污水垃圾对农业产地环境污染问题，将巡查情况如实记录汇总、上报审核、及时公示。严肃查处工矿企业和城镇"三废"向农业生产基地排放行为，防控农业面源污染产生和蔓延。再者要强化产地环境保护措施。一是加大对污染企业的整治力度，严禁工矿企业和城镇向农产品产地排放或倾倒废气、废水、废渣和堆放、贮存、处理固体废弃物，对于污染严重的工矿企业，依法按照"关停一批、淘汰一批、治理一批"的原则进行整治，以杜绝或减轻工矿企业和城镇对农业产地环境的污染。二是提高工矿企业准入标准，停止污染企业特别是重金属污染企业的立项审批，防控新的工矿污染源产生。三是推广作物测土配方施肥和病虫害专业统防统治技术，加强畜禽粪便、作物秸秆的资源化利用和农村生活污水、垃圾的无害化处理，强化农业面源污染源头防控。

3. 农产品产地已污染区域的治理和修复

首先，加强农村生活污染治理。在加强工矿企业和城镇点源污染综合治理的基础上，大力推进农村清洁工程建设。一是以村为单位，加强户间路整修、组间路整修和生活污水管网连通，切实改善农村人居生活环境和防控农户污水随意排放。二是按照城市社区管理方式，加强农村生活污水净化池、废弃物发酵处理池、农业废弃物收集池和村级物业管理站建设，全面治理农村生活和农业生产污染。三是加强乡镇垃圾收集清运中转站、村级垃圾收集点、农户门前垃圾筒等环卫设施的建设、管理、运营与维护，共建乡村清洁美好家园。其次，加强农业废弃物污染治理利用。大力推行作物秸秆和畜禽粪便无害化处理与资源化利用，达到农业废弃物资源循环利用的目的。一是禁止焚烧作物秸秆，全面实行作物秸秆就地还田或青贮过腹还田，推广利用作物秸秆制作堆肥和秸秆制气、发电及资源化综合利用，重点治理作物秸秆滥烧乱弃所造成的农业产地环境污染。二是推行垫料发酵床养猪技术和畜禽粪便无害化处理，大力推广"猪–沼–菜""猪–沼–鱼""猪–沼–稻""猪–沼–果"等生态农业模式，使畜禽粪便在农业生态系统中得到良性循环和高效利用，治理畜禽粪便对农业生态环境的污染。三是大力实行农业清洁生产，每个农产品生产基地根据规模大小兴建1~2个农业废弃物收集池，定期收集农业废弃物特别是农药的塑料包装袋和农药瓶，并定期分类和无害化处理，治理田间地头乱扔乱弃农业固体废弃物所造成的农业产地环境污染。最后，加强农业面源污染治理。大力加强对农业氮磷富营养化水体污染的阻控、拦截和净化，全面提高农业面源污染治理水平。一是大力推广和普及农业节肥、节药、节水生产技术，防止农药化肥等农业投入品的滥施乱用和农业用水的滥灌乱排。二是在农业生产基地的田块周围建立生态种植和农业生产污水拦截回流渠，在生态埋上和拦截回流渠中配置高富集氮磷的水生植物，第一次对农业生产污水实行阻控。三是在拦截回流渠与农业湿地之间兴建前置库塘，在库塘中配置高富集氮磷的水生植物群落，第二次对农业生产污水实行拦截。四是在前置库塘和流域水体之间，兴建规模适度的农业湿地，充分发挥水生植物和微生物的水体净化功能，第三次对农业生产污水实行净化。

4. 农产品产地环境监测质量管理工作的意义和影响因素

质量管理就是为确定质量方针、目标和职责，在质量体系中通过质量策划、质量控制、质量保证和质量改进，使其实施全部的管理职能活动。环境监测工作质量是指与监测结果有关的各项工作对监测结果质量的保证程度。提高监测结果质量的前提是提高监测工作质量，衡量监测工作质量的指标包括质控数据的合格率、监测结果的产出率、仪器设备的利用率和完好率以及监测事故的出现率、应急监测能力等。同时，影响监测工作质量的还有一些隐性因素，如农产品产地环境监测人员的职业道德水平和爱岗敬业精神等。这就要求监测工作的领导者提高管理水平，不仅要搞好显性影响因素的管理工作，更要注重搞好隐性因素的管理工作，使所有参与农产品产地环境监测人员能共同努力，积极提高监测工作质量。

5. 农产品产地环境监测质量管理工作中存在的主要问题

(1) 制度建设滞后

国家农业部门对环境监测质量保证工作的管理程序、职责和主要内容做了规定，将质量管理工作引向制度化的发展方向，各级监测机构还先后出台了持证上岗考核实施细则等规章制度和样品采集、样品保管交接、仪器设备管理和使用、数据审核等管理制度，极大地推动了质量管理工作的制度化建设。但是，与快速发展的监测技术和不断扩展的监测领域相比，质量管理制度的建设还不够完备和及时。

（2）环境监测数据真实性不够

监测机构的职责就是对各类环境要素进行监测，并如实提供数据，至于监测数据的高低、环境质量的好坏对监测站来说并无利害关系，所以监测机构上报的数据绝对是真实、可靠的一手资料。但是由于监测站行政上隶属于各级环保局，所以在数据、质量报告的上报必须经由环保局甚至当地政府的审核，如此就可能出现有些领导为了政绩和考核名次篡改数据的情况。在当前环境保护实绩考核、创建模范城市考核、创建优美乡镇考核、小康指标考核、节能减排考核等形势的推动下，各地环保局、各级政府更加重视环保工作和环保政绩，常常出现为了个人政绩、地区名次而随意窜改环境监测数据的情况。

（3）环境监测工作质量偏低

随着经济快速发展，新的污染源不断产生，环境污染问题日益突出，环境执法力度不断加大，临时性、突发性监测任务越来越繁重，监测人员、技术、设备跟不上，经常加班加点，疲于应付。在环境监测中，由于自然和人为因素的干扰限制，致使监测频率低、监测点位不全等现象时有发生，从而使获得的监测数据不具代表性，某些监测数据结果不能准确地反映环境的实际状况；监测工作处于闷头苦干，只求数量不求质量的局面，这就弱化了环境监测工作的"准"。大多数项目的生态环境影响评价只是走形式，弱化了环境监测在环境管理中的技术监督职能。这些问题的存在使得监测数据准确性不高，不能及时、准确地反映质量状况和变化趋势，从而影响评价报告的质量。

（4）地方监测机构往往忽视室外的质量控制

一般环境监测机构实验室都采取人员考核的办法，对分析仪器设备进行检定校准，实验室采用平行双样、加标回收试验、绘制质控图等办法来解决室内的质量控制，但却忽视了监测信息的代表性，监测目标的设计，技术路线制定、布点、采样，样品保存与运输，样品交接等各环节的室外质量保证。实际上如果是不具有代表性的监测，室内分析的数据再准确也没有价值。

（二）产地安全保障

农产品安全是健康的需要。健康重于泰山，生命高于一切，农产品是否安全直接关系到人们的身体健康。农产品安全是现代农业发展的基本目标。我国农业发展目标是"高产、优质、高效、生态、安全"。增加产地，必须以质量为前提。农产品安全是提升农产品竞争力的首要任务。农产品安全是消费转型的必然要求，目前，人们的基本生活消费正向保健、健康型消费转变。农产品安全是社会和谐稳定的需要。

我国农产品产地安全目前主要有四个方面的问题：资源缩减与衰退、生态破坏与生态平衡失调、环境污染和相关全球环境问题。关于产地安全研究的热点问题主要有：耕地缩减、退化与污染；水资源匮乏、污染及富营养化；水土流失与江河湖库淤积；森林面积减小与生态平衡失调；生物多样性缩减与遗传资源丧失；外来生物入侵；草地退化；工业"三废"污染；酸雨；电子垃圾；核污染；城市生活污水和垃圾污染；农药、化肥、兽药、抗生素、调节剂；农产品（食品）污染超标；转基因食物安全；环境污染与人体健康；塑料薄膜污染；秸秆焚烧；全球气候变化和大气臭氧层保护；海洋环境保护；自然灾害等，其中土壤污染是研究的重中之重。

　　农产品产地主要污染区域有工矿企业周边农区，此类区域污染物种类少，但超标高。大中城市郊区，此类区域污染物种类多，但超标低。污水灌区，此类区域污染物种类、超标程度因水污染程度和污灌时间而异。集约化农区，此类区域污染程度上升较快，应引起高度关注。产地环境污染特点主要包括：一是来源不可（难）控制，农产品产地是一个开放的系统，污染来源不可（难）控制；二是种类复杂性，污染物的种类比较多，具有复杂性；三是危害持久性，一些污染物很难自然降解，会造成长期危害；四是减消艰难性，重金属处理技术、经济成本较高，农业污染具有高度分散性、随机性、难以控制；五是伤害滞后性，有些污染所造成的危害在短时间内很难发现，因此不易引起人们的重视；六是识别隐蔽性，有些污染物没有相当的技术手段和检测手段是不容易辨别的。

（三）风险预警

　　我国农产品生产已经基本结束了供给不足的局面，农产品已经由卖方市场转向买方市场。供求态势的变化导致市场竞争日益激烈，市场风险不断出现。加入世界贸易组织后，农产品生产者则面临更大的农产品市场风险。农产品市场风险既包括损失的不确定性，也包括获利的不确定性，这一风险类的管理主要靠提高管理水平来化解。为此，需要引入新的管理理念、管理手段和管理方法，以实现农产品市场风险管理的创新，研究农产品市场风险预警管理是搞好农产品市场风险管理、缩短农产品供求宏观调控时滞以及稳定和提高农民收入的需要。

　　尽管我国农产品质量安全的风险防控建设已经启动，然而农产品生产过程涉及的风险警源复杂，既受生态环境、生产资料的安全性影响，也与农户的自身禀赋相关，加之我国地域辽阔，不同地区、不同产品的风险预警体系建设的同时，加大农产品质量安全的风险预警体系建设，不仅是农产品质量安全的保障需要，也是食品源头污染控制的需要。农产品质量安全的风险主要产生于生产（养殖、种植）环节，过程控制需要抓住关键控制点，采取危害分析和关键控点（HACCP）的管理理念，切实摸清农产品风险点，是预警防控的根本。狠抓源头治理和强化末端约束，能够为农产品质量安全风险管控实现"双保险"。源头治理主要是杜绝不合格农资和假冒伪劣农资进入生产环节。严厉打击销售假冒伪劣农药、兽药的行为，加大买卖双方的违法行为惩处力度，对高毒剧毒农药实行以乡镇为基础的定点销售制度，经营者必须具有相关销售许可证，并对购药者进行详细登记，建立销售档案，实现高毒剧毒农药的市场可追溯。末端约束主要是强化农产品的残留检测及市场准入关。在农产品主产区建立风险监测调查点，及时通报预警信息，实行农产品残留必检制度，对于质量不合格、农药残留超标的农产品，杜绝进入市场，开展"技术部门+农户（专业合作社）+超市"模式，与农产品生产者和城镇超市共同协作，实施"无污染农产品"产销一体化。

二、农资质量安全追溯系统

随着经济社会的快速发展，农资市场呈现供需两旺、品种丰富、地域广阔的特点，而农资进销渠道混乱、产品质量良莠不齐的问题仍不同程度地存在，对市场监管部门的监管工作提出了新的要求和挑战。

有统计数据显示，以种子、化肥、农药、农机具四大品类为代表的农资行业市场空间约为 2 万亿元。然而，如此庞大的农资市场却一直因为缺少市场准则以及行业标准而被诟病。在传统农资销售过程中，中间代理环节多、渠道利益链条长，一方面农民抱怨农资产品贵，另一方面农资企业还认为销售利润低，双方长期处于信息不对称的状态。

农资溯源管理系统是基于识别技术有针对性地开发的系统，以确保企业快速、准确、实时采集到质量信息，从而可以实现对食品的全生命周期的追踪管理。确保农药"身份证"覆盖在每一瓶农药、每一包化肥、每一斤种子中，并可以安全无害、"行迹"可查。比如说，农民买了一瓶农药，这瓶药的所有信息都会在系统中产生记录，包括生产厂家、经销商、零售商、购买者，如果出了问题，责任主体一目了然，谁都跑不了。

（一）什么是农资溯源管理系统

农资是农业生产不可缺少的生产资料，直接关系着农产品的质量安全，直接影响农民的切身利益。因此，强化农资市场监管，保障农资商品质量安全，对实现粮食增产、农民增收，维护农村和谐稳定，至关重要。

农资溯源管理系统将所有产品的小销售单元赋的监管码，以一、二维条码和数码混合的方式体现，在生产过程进行赋码，农资溯源管理系统通过监管码记录每件产品的生产日期、批号及原料来源、质监报告等生产相关信息，使用数据库进行储存。产品在出入库时将监管码激活，并上传到监管平台，在流通过程中通过扫描、电话、录入监管码方式查询生产日期、保质期、商品真伪、销售去向等信息，当出现质量问题时，可以根据监管码带有的生产信息追查原因，还可以根据监管码对应的发货信息检查市场是否有窜货现象等功能。明确适当的质量控制点进行实时快速采集质量信息，并快速反馈，保证整个生产、流通过程符合产品质量标准。

（二）农资溯源管理系统的优势

通过农资溯源管理系统，农资执法监管部门可对农资生产经营主体和产品进行网上适时审核和监管；农资生产经营公司可及时了解农资产品的合法性，并能迅速查询公司内部农资产品的进、销、存情况；普通用户可根据产品分类、关键词等搜索农资生产经营公司和农资产品的相关信息。该系统使农资产品真正实现可追溯、可召回，从源头保障了农产品质量安全，维护了消费者权益。

农资溯源管理系统的优势具体体现在：第一，农资溯源管理系统能保证农产品的可追溯性；第二，农资溯源管理系统能提高生产企业管理效率，减轻农产品管理工作强度；第三，农资溯源管理系统运用信息化技术实时监控农产品库存信息；第四，农资溯源管理系统进一步规范农产品防窜货管理流程；第五，农资溯源管理系统提升农产品市场销售，与消费者互动。

（三）农资溯源管理系统的价值

农资产品监管的信息化程度与食品安全监管相比，有较大差距。如目前预包装食品大都有条形码，通过查询条形码，就可及时了解食品相关信息，但农资产品绝大多数没有条形码（或识别码），仍然需要监管人员通过查询进销货单据，以现场人工比对的方式，实现溯源监管，耗时力。要实现农资商品"每一品种、每一批次、每一环节"精确追溯监管的目标，应把监管系统的建设重点，放在建立农资商品目录库和农资商品识别码这两个方面。第一，建立完备的农资商品目录库。为解决目前农资产品品种繁多、含量不一、规格不同的情况，需要建立一个至少覆盖全省的农资商品目录库，该数据库由两部分构成：一部分是农资商品基本信息，主要包含农资商品的名称、类别、规格、保质期、商标、生产企业和产品外包装图片等基本信息；另一部分是农资商品对应的票证信息，主要包括生产企业营业执照、生产许可证和相关批次农资商品的质量检验报告等图片文件。票证信息主要由一级批发商（指从厂家直接购买或者从外省经销商处购买农资的批发企业），对应农资商品目录库中的农资商品进行上传，并由市场监督管理局工作人员进行审核，审核通过的票证，系统会导入目录库中，并在全省范围内实现共享。下级经销商在购进相应批次农资商品前，可登录系统查询、下载上级供货商的经营资格证明（从农资监管系统的农资经营主体数据库中查询）和农资商品的票证信息。如果系统无法查询到对应批次农资商品的票证信息，下级经销商应要求上级供货商及时上传相关票证，并在核实相关票证审核通过后，方能进货。市场监管执法人员在日常监管中，可将现场检查情况与经销商进出货单据以及系统信息进行比对，对未依法履行索证索票制度的经销商进行督促或查处，以此形成倒逼机制，促使各级经销商，特别是一级批发商及时上传票证，从而在全省范围内实现票证共享。第二，建立齐全的农资商品流通识别码。针对农资商品大都没有条形码或二维码等识别码（以下简称农资商品流通识别码）的现状，可根据"对应农资商品目录库，按照产品批次赋予农资商品流通识别码"的监管思路，对每一批次的农资商品形成可识别的特性，实现农资商品的精确追溯。农资商品流通识别码，由农资主体识别码、商品信息代码及商品批次信息三部分组成，初步设定17位（根据识别码的发展趋势，以后可以升级为存储信息更为丰富的二维码）。其中，农资主体识别码4位，由字母和数字组成，通过农资监管系统对应农资经营主体数据库自动生成，一户一码，具有唯一性；商品信息代码由7位数字组成，第一位数字代表农资监管分类，例如，1代表肥料、2代表农药、3代表种子、4代表农机具、5代表农膜，剩余6位为该类农资中具体产品的流水号，由农资监管系统对应农资商品录库的商品品种自动生成，一品一号，确保在全省范围内的唯一性（依据目前农资市场规模，初步设定了6位农资产品流水号，可涵盖99万种不同品种、规格、含量的农资商品）；商品批次信息由6位数字组成，对应该批次商品的生产日期（年、月、日各占两位），由一级农资批发商根据产品批次信息录入。17位数据的生成，可有效实现对农资商品相关信息的精确锁定。在日常监管工作中，监管人员只需运用移动巡查终端设备（如POS机）对条形码（或识别码）进行现场读取，即可对相关品种及批次农资商品的监管信息一目了然，做到精确查询，对进一步提高监管效能大有裨益。

农资溯源管理系统的价值在于：第一，生产过程信息化管理，实现生产实时可视化；第二，农资溯源管理系统能提高物流作业效率，追踪每件产品的流向；第三，农资溯源管理系统能透明化管理产品流通过程，遇到窜货及时报警，防止窜货事件发生；第四，农资溯源管理系统通过物理防伪与信息防伪相结合，轻松实现防伪与打假；第五，仓库智能终端的应用，实现仓库精细化管理及全程追溯。

三、农产品质量安全追溯体系

随着农产品贸易全球化的迅速发展，农产品质量安全已不仅涉及人类健康、生命安全，也关系到国家经济发展、社会稳定，随着消费者风险意识和自我保护意识的提高，农产品质量安全问题对社会经济发展所产生的负面影响的扩大以及世界贸易组织协议的作用，使得各国政府对农产品质量安全管理体系的构建和完善空前重视。研究我国农产品质量安全管理体系的建设，对于保障消费者身体健康，促进我国现代农业的发展，增加农民收入，提高农产品在国内外市场的竞争力等方面均具有十分重要的意义。

农产品质量安全追溯体系是针对食品安全而来的，简单地说就是产品从原辅料采购环节、产品生产环节、仓储环节、销售环节和服务环节的周期管理，也就是说市民购买一个产品后，通过扫描产品上的追溯条码，就能查到农产品的产地、上级批发商和下端零售商，一旦出现食品安全问题就可以快速逐级排查，为消费者的菜篮子加上一道"安全锁"。

（一）我国的农产品质量安全管理体系

质量安全管理体系是指在质量方面指挥和控制组织的管理体系，通常包括制定质量安全方针、目标以及质量安全策划、质量安全控制、质量安全保证和质量安全改进等活动。实现质量安全管理的方针目标，有效地开展各项质量安全管理活动，必须建立相应的管理体系，这个体系就叫质量安全管理体系。农产品质量安全管理体系是一个涉及多部门、诸多控制环节的综合管理体系。目前，随着新形势的发展，我国的农产品质量安全管理体系已初步形成，包括农产品质量安全监测体系、安全法律法规体系、安全标准体系、安全认证体系和保障体系等。

我国农产品质量安全管理体系的研究起步较晚，这是由我国农业生产所处的阶段性决定的。20世纪90年代前，我国农业生产的重点是提高农产品产量。进入20世纪90年代，我国农业生产进入新的发展阶段，实现了农产品供给由长期短缺到总量平衡、丰年有余的历史转变，农产品质量安全管理体系的研究才逐渐被重视。近年来农产品质量安全事故频发，使得对农产品质量安全管理体系的研究不断得到重视。

从发展脉络看，农产品质量安全管理体系的研究大致分为四个发展阶段，即农产品质量管理起步阶段、农业标准化阶段、农产品质量安全管理阶段和农产品质量安全体系初步构建阶段。在农产品质量管理起步阶段，主要研究提高农产品质量内涵和实质、提高农产品质量的意义、影响农产品质量的因素和提高农产品质量的方法等，这一时期的研究更多地从生产和技术角度出发，探讨提高农产品质量的途径，没有涉及农产品质量安全问题。在农业标准化阶段，研究主要围绕农业标准化的意义和作用、农业标准化与农业现代化、农业标准化与农业产业化以及农业标准的制定进行，也很少涉及农产品质量安全问题。在农产品质量安全管理阶段，研究者开始从影响农产品质量安全的各个环节入手，从全面质量管理、信息不对称理论入手，研究了农产品市场上质量信号的传导和提高农产品质量安全的基本原则和途径。

（二）完善农产品质量体系的对策建议

1. 健全国家的监管组织体系

无论是相对分散管理还是相对统一管理模式，都非常注重多部门之间在监管领域以及环节上的分工明确和协调一致。在我国，涉及农产品安全监管的机构也很多，目前对农产品安全的监督管理职责主要是按照监管环节划分，即一个监管环节由一个部门监管，以分段监管为主，品种监管为辅这种由处于同一权力水平的不同部门分段管理的管理模式，由于缺乏相互沟通与衔接，加之各部门执行各自的部门法规，难以满足人们对农产品质量监管的要求。尤其食品药品部门的监管权威性不够，其他部门的管理职能交叉、管理缺位、职责不清和政出多门的问题长期没有得到有效解决。因此，必须进一步理顺农产品安全监管职能，明确责任，将现行的"分段监管为主、品种监管为辅"的模式逐渐向"品种监管为主、分段监管为辅"的模式转变，形成以农业部门和食品药品监管部门为主，其他部门履行相关职责并加强相互配合的"分工明确、协调一致"监管组织体系。

2. 完善质量标准体系

完善的农产品安全质量标准体系是保证农产品质量，提高农产品安全，参与国际竞争的基础性条件。目前，我国农产品安全质量的相关标准由国家、行业、地方和企业等四个等级的标准构成，而且都为强制性标准。在标准化监管方面，这些年有较大的改进，企业农产品安全水平明显提高。政府有关部门应借鉴国外发达国家在这方面的经验，分析国际农产品安全质量标准体系，加紧研究和制定适合我国的农产品安全质量标准体系，包括农产品本身的标准，加工操作规程等各项标准，以及标准体系的协调和统一。建立科学、统一、易于实际操作的农产品安全质量标准体系是解决当前农产品市场秩序、改善本产品安全质量的前提，同时，也便于与世界接轨。

3. 规范检测检验体系

建立合理的农产品检测体系是有效控制农产品质量安全的关键：规范合理的检测体系需要制定农业加工业检测标准，完善农产品供应链各环节的检测，建立并且完善农产品各级检测体系的管理，开展检验检测技术科学研究。此外要提高认识，科学定位监测体系，合理规划，发挥监测体系作用，创新机制，拓展监测服务领域，增加投入，提高监测能力水平以及加强培训，提高监测队伍素质。

4. 严格质量认证体系

遵守国际通用规则，因地制宜地制定适合本国的农产品质量安全管理与技术政策；严格源头治理、过程控制、全程服务农产品生产者是农产品质量安全管理的重点；满足消费需求，降低生产成本，提高生产效益是农产品质量安全管理的目的。在认证制度上，要不断完善农产品认证法律法规建设，强化制度保障；借鉴多元化农产品认证制度，实施强制性农产品认证；坚持以政府推动为主，加大财政投入力度；积极签订多边互认协议。

5. 完善法律法规体系

我国虽然制定了一系列有关农产品安全的法律，如《中华人民共和国食品卫生法》《中华人民共和国产品质量法》《中华人民共和国消费者权益保护法》《中华人民共和国农产品质量安全法》等，但缺乏一个统一、完整的法律体系，已不能适应当前农产品安全形势的要求，这直接影响到监管措施的实施，也和国际农产品质量安全方面的法律法规体系差距甚远。因此要加强与国际农产品法典委员会（CAC）的合作与交流，明确各政府部门、农产品生产企业在农产品安全方面承担的义务和责任，明确农产品生产者、加工者是农产品安全的第一责任人，政府各部门通过对农产品生产者、加工者的监管，监督企业按照农产品安全法规进行农产品生产，并在必要时采取制裁措施，最大限度地减少农产品安全风险，把农产品卫生提升到农产品安全的高度。

第三节　"互联网+"农业管理

我国农业已进入了新的发展阶段，如何实现由传统农业向现代农业转变已经成为我国农业发展的重大课题，在这种形势下，对传统农业进行有计划的、有针对性的开发利用，可以稳步推进现代农业的良好发展。互联网技术在农业生产、经营、管理和服务中的应用越来越广泛，首先运用各类传感器，广泛采集农业的相关信息，然后利用信息传输通道将信息传输到控制设备，通过获取的海量信息，再利用智能操作终端进行处理。可见、可控、可交互的生产智能平台是现代农业智能管理系统实现的最终目的，能够准确实时地获取农作物生长的环境信息，通过比对相关参数实现农业的精准操作，提高现代农业的收益率。

一、农村土地流转公共服务平台

（一）农村土地流转的概述

农村土地流转是指农村家庭承包的土地通过合法的形式，保留承包权，将经营权转让给其他农户或其他经济组织的行为。农村土地流转是农村经济发展到一定阶段的产物，通过土地流转，可以开展规模化、集约化、现代化的农业经营模式。农村土地流转其实指的是土地使用权流转，土地使用权流转的含义是指拥有土地承包经营权的农户将土地经营权（使用权）转让给其他农户或经济组织，即保留承包权，转让使用权。我国现实的农地制度是农地所有权归村集体所有，经营权与承包权归农户。基本公共服务是指建立在一定社会共识基础上，由政府根据经济社会发展阶段和总体水平来提供，旨在保障个人生存权和发展权所需要的最基本社会条件的公共服务。主要包括四大部分：底线生存服务，如就业、社会保障等；基本发展服务，如教育、医疗等；基本环境服务，如交通、通信等；基本安全服务，如国防安全、消费安全等。农民工基本公共服务均等化就是维护农民工的基本权益，这包括平等的政治权利、平等地参与经济与发展成果分享权。

（二）农村土地流转存在的问题

目前，我国农村土地流转总体是平稳健康的。但必须看到，随着土地承包经营权流转规模扩大、速度加快、流转对象和利益关系日趋多元，也出现了违背农民意愿强行流转、侵害农民土地承包权益、改变土地用途出现"非农化"与"非粮化"以及流转不规范引发纠纷等问题。

1. 土地流转规模比较小，流转效益不高

影响土地流转规模与效益的主要问题在于需求的规模化与交易的零散性之间的矛盾。一些农业龙头加工企业和种植大户需要大块土地搞规模经营，而挂牌交易的基本上是零散土地，大块土地少之又少。土地在小户之间流动的多，向大户流动形成规模经营的少。由于土地流转规模较小，流转期较短，集中程度不高，耕地进行规模经营、实施机械化作业的效果难以凸显。流转期短也会助长租种农户的掠夺性生产经营，造成土地肥力难以为继。

农地市场价值并未体现，流转收益偏低。农村土地流转中，流转租金的定价，地区差异性很大，取决于双方协商。短期流转的土地主要以实物支付为主，长期流转以现金支付为主。

土地租金不断攀升。在农村税费改革前农民负担较重，粮价偏低，农户之间的土地流转往往是土地免费送给对方耕种，对方代交各种税费；随着农村改革的不断深入和中央支农政策力度的加大，土地收益也呈明显上升趋势。受市场价格影响，为租金或转包费发生争议时有发生。

2. 农民对土地承包经营权流转认识模糊，积极性不够高

土地是农民最基本的生产资料，也是农民最基本的生活保障，尤其是在经济落后地

区，农民对土地具有根深蒂固的依赖情结。有些农民担心土地流转对自身利益不利，担心土地流转后会丧失土地的承包权，失去生活的基本依靠，因而不敢大胆参与流转，宁肯免费将土地转给别人种，甚至抛荒也不愿流转给别人耕种，导致播荒、遗弃土地的现象不断增加。由于农村社会保障制度还没有完全建立起来，不能解决农民的后顾之忧，农民长期以来形成的对土地的依附性仍将长期存在，成为土地流转中流转不出去的一大现实问题。

3. 土地流转服务不够到位，流转信息渠道不畅

目前，大部分地区尚未形成统一规范的土地承包经营权流转市场，流转中介组织较少，缺乏土地承包经营权流转价格评估机构。一些地方尽管建立了流转中介组织，但服务滞后，市场运作机制尚未形成，限制着土地承包经营权流转。近年来，许多乡镇建立了土地流转服务中心，但大都有名无实，只在农经部门挂挂牌子，做数字统计，真正充当流转服务媒介、履行服务职能，发挥中介效能的还不多。

二、农业电子政务平台

目前，农业和农村信息化建设是我国发展现代农业、乡村振兴工作中的一个热点，我国农业和农村信息化网络服务平台建设更是一个方兴未艾的新兴领域。虽然全国农业和农村信息化已走过十几年的路程，并取得了一些可喜的成绩，但仍然处于初级阶段，离我国经济快速发展的要求和广大农民的需要还相差很大的距离。尤其是涉农信息资源开发利用，一直是我国农业和农村信息化的薄弱环节，区域涉农信息资源不能共享、信息资源配置不合理的问题十分突出。

在发展现代农业、乡村振兴的历史进程中，针对我国农业和农村信息化网络信息服务的现实需求，采用何种农村信息网络服务平台建设方案来整合和共享涉农信息资源，为涉农政府部门提供共享的电子政务平台、为涉农经济组织搭建安全可靠的电子商务平台和为农民群众创建综合信息共享服务平台，是当前农村信息化理论研究和实践的重点。

（一）农村电子政务的概述

电子政务是政府机构为了适应经济全球化和信息网络化的要求，自觉应用现代信息技术，将政务处理与政府服务的各项职能通过网络实现有机集成，并通过政府组织结构和工作流程的不断优化和创新，实现提高政府管理效率、精简政府管理机构、降低政府管理成本、改进政府服务水平等目标。我国是一个农业大国，农业是国民经济的基础，通过电子政务建设不仅可以促进农业经济的发展，还可为农业经济构建良好的发展平台。电子政务运用现代信息技术，将管理与服务通过信息化集成，在网络上实现政府组织结构和工作流

程的优化重组，超越时间、空间与部门分割的限制，可以全方位地向社会提供优质、高效、规范、透明的服务，为行政决策提供充分的信息和数据支持。

在围绕服务三农，构建电子政务平台工作中做了一系列的探索和尝试。

首先，借助数字农业网络，建设政务公开平台。随着改革开放的深入，政府的职能也在改变，由过去的"管制型政府"向"服务型政府"转变。政府的职能主要是服务、管理和保障。近年来，政府围绕透明型机关建设，着手建设电子政务平台，力求把政府工作运作过程公布于众，可随时接受群众的监督。

其次，要加强廉政建设，构筑监督平台。网络能够使信息传递不受时空阻碍，因此政府门户网站正在成为公众参政议政、参与监督的主要窗口，在当前社会，加强政府部门的廉政建设，积极借助政府门户网站的作用，进行民主监督，是扩大公众民主参与的一种有效方式。近年来，我们结合农业工作实际，利用政府门户网站构筑监督平台，探索在新形势下公众监督的新途径。将农资信用、农经管理、农村财务、农村土地管理档案搬上农业网，建立透明、公正、查询快捷的监督平台，使政府机关和农村基层组织的各项工作置于群众严格的监督之中，有效地提高工作的透明度和工作效率，充分发挥网络在推行和实施公平、公正、廉洁政府中应有且不可替代的作用。

再次，提高机关效能，推行办公自动化。政府部门办公自动化系统应以公文处理和机关事务管理（尤其以领导办公）为核心，同时提供信息通信与服务等重要功能。

最后，确保网络安全，强化内部管理。网络安全可靠是电子政务工程正常运转的关键。要认真贯彻落实国家、省、市关于电子政务网络安全的要求，按照积极防御、综合防范的方针，制定网络安全管理办法，建立电子政务网络与信息安全保障及数据灾难备份体系。从硬件、软件两方面保证电子政务网络安全，管理上明确权限划分，重要内容和资料非管理员不能访问，保证网络安全运行。

（二）农业电子政务的特点

与传统政府的公共服务相比，电子政务除了具有广泛性、公开性、非排他性等公共物品属性外，还具有直接性、便捷性、低成本性以及平等性等特征。

我国农业生产和农业管理的特点决定了我国非常有必要大力推进农业电子政务建设。我国与发达国家相比，在以市场为导向进行农业生产、农产品的竞争地位等方面还有相当大的差距。通过大力发展农业电子政务，农业生产经营者可以从农业信息网及时获得生产预测和农产品市场行情信息，从而可实现以市场需求为导向进行生产，增强了生产的目的性，提高了农产品的竞争地位。大力发展农业电子政务还可以从根本上弥补当前我国农业管理体制的不足，实现各涉农部门信息资源高度共享，共同为农业生产和农村经济发展服务。

（三）农业电子政务的应用

我国是农业大国，农村人口多，在地理分布上十分分散，人均耕地少，生产效率低，抗风险能力差，农产品在国际竞争中处于劣势地位。目前，我国农业正处于由传统农业向现代农业转变的时期，对信息的要求高，迫切要求农业生产服务部门能提供及时的指导信息和高效的服务。与传统农业相比，现代农业必须立足于国情，以产业理论为指导，以持续发展为目标，以市场为导向，依靠信息体系的支撑，广泛应用计算机、网络技术，推动农业科学研究和技术创新，在大力发展农业电子商务的同时，还应发展农业电子政务，以推动农产品营销方式的变革。

参考文献

[1] 李青阳，白云. 农业经济管理 [M]. 长沙：湖南师范大学出版社，2017.

[2] 张锦华. 农业经济学 [M]. 上海：上海财经大学出版社，2017.

[3] 李周，杜志雄，朱钢. 农业经济学 [M]. 北京：中国社会科学出版社，2017.

[4] 唐忠，曾寅初. 中国农业经济协调发展研究 [M]. 北京：中国农业出版社，2017.

[5] 刘凌霄. 现代农业经济发展研究 [M]. 北京：中国水利水电出版社，2017.

[6] 吴乐知. 中国低碳农业经济现状与发展模式研究 [M]. 北京：中国农业出版社，2017.

[7] 贺雪峰. 乡村治理与农业发展 [M]. 武汉：华中科技大学出版社，2017.

[8] 佟光霁. 农业政策学 [M]. 北京：科学出版社，2017.

[9] 王瑞妮. 农业与经济增长研究 [M]. 延吉：延边大学出版社，2017.

[10] 齐亚菲. 改造传统农业 [M]. 北京：中国建材工业出版社，2017.

[11] 杨祖义. 现代农业发展战略研究 [M]. 北京：经济日报出版社，2017.

[12] 王丹陵. 经济高度成长期的中国内陆农业的变化 [M]. 牡丹江：黑龙江朝鲜民族出版社，2018.

[13] 赵俊仙，胡阳，郭静安. 农业经济发展与区域差异研究 [M]. 长春：吉林出版集团股份有限公司，2018.

[14] 梁金浩. "互联网+" 时代下农业经济发展的探索 [M]. 北京：北京日报出版社，2018.

[15] 陈其鹿. 农业经济史 [M]. 郑州：河南人民出版社，2018.

[16] 张冬平，孟志兴. 农业技术经济学 [M]. 北京：中国农业大学出版社，2018.

[17] 孙中才. 农业供给侧与经济增长 [M]. 北京：知识产权出版社，2018.

[18] 赵维清，姬亚岚. 农业经济学 [M]. 2版. 北京：清华大学出版社，2018.

[19] 张正河. 农业经济管理 [M]. 北京：国家开放大学出版社，2018.

[20] 刘其涛. 中国现代农业经济问题的多角度解析 [M]. 北京：中国水利水电出版社，2018.

[21] 李宁. 新常态下生态农业与农业经济可持续发展研究 [M]. 延吉：延边大学出版社，2018.

[22] 邓心安. 生物经济与农业绿色转型 [M]. 北京：人民日报出版社，2018.

[23] 李明桥. 农业政策、收入流动性与农村经济发展研究 [M]. 北京：中国社会科学出版社，2018.

[24] 施孝忠. 农业经济管理与可持续发展研究 [M]. 北京：科学技术文献出版社，2019.

[25] 方天坤. 农业经济管理 [M]. 北京：中国农业大学出版社，2019.

[26] 张忠根. 农业经济学 [M]. 北京：科学出版社，2019.

[27] 朱俊峰. 农业经济基础 [M]. 北京：国家开放大学出版社，2019.

[28] 高子清，张金萍. 农业经济增长研究 [M]. 北京：国家行政学院出版社，2019.

[29] 赵丽红，刘薇. 绿色农业经济发展 [M]. 咸阳：西北农林科技大学出版社，2019.

[30] 李永东. 农业经济学 [M]. 北京：中国人民大学出版社，2019.

[31] 顾莉丽. 农业经济管理 [M]. 北京：中国农业出版社，2019.